# Lebensglück

## Beginnt im Kopf

Gedanken
Deine Realität
formen

*Für Nadja, Frieda, Maya, Arvid*
*und Dich, lieber Leser*

Bibliografische Information der Deutschen Nationalbibliothek: Die Deutsche Nationalbibliothek verzeichnet diese Publikation in der Deutschen Nationalbi-bliografie; detaillierte bibliografische Daten sind im Internet über http://dnb.dnb.de abrufbar.

© 2025, 2. (überarbeitete) Auflage, Alexander Flach
Lektorat: Olaf Haselhorst
Umschlaggestaltung und Satz: Alexander Flach
Umschlagbild: pixabay.com/JillWellington
Verlag: BoD · Books on Demand GmbH, Überseering 33, 22297 Hamburg, bod@bod.de
Druck: Libri Plureos GmbH, Friedensallee 273, 22763 Hamburg
ISBN: 978-3-8192-7698-9

# Inhalt

3

# *Lebensglück*

# Inhalt

# Dein Leben ist das, was Du daraus machst

## 1.1: Einstieg

Im Jahre 1998 war ich in der letzten Phase meiner Ausbildung zur „Fachkraft für Brief- und Frachtverkehr" bei der Deutschen Post. Die Arbeit begann damit, daß die Briefe innerhalb des Bezirkes von mir sortiert wurden. Und jeden Tag kam ein Kollege, der nichts anderes konnte, als über alles und jeden zu meckern. „Jetzt muß ich auch zu der", „Was soll all der Blödsinn", „So ein Mist" – kein fröhliches Wort. Da kam urplötzlich in mir ein Satz hoch, den ich nie wieder vergessen sollte und der mein Leben nachhaltig verändert hat. Er lautete: „An dem Tag, wo Du keine Lust mehr an Deiner Arbeit hast, geh, denn sonst macht Dich die Arbeit kaputt."

Es war ein Gedanke, der mich seitdem nie mehr verlassen hat. Und ich habe mich an ihn gehalten. Und immer wenn ich gemerkt habe, daß es auf der Arbeit so nicht mehr weitergehen kann, habe ich mich an den Satz erinnert und bin diesem – meiner inneren Intuition nach – gefolgt. Und es war stets zu meinem Besten.

Mit jedem beruflichen oder räumlichen Wechsel habe ich mich weiterentwickelt, habe ich unfaßbar viel Neues gelernt, habe ich mich finanziell verbessert.

Langsam aber sicher wurde ich zu dem Menschen, der ich heute bin. Rückblickend betrachtet ist es absolut faszinierend, welchen Weg ich doch gegangen bin, und wo ich heute stehe. Und das Glück, welches ich gerade in dem Moment in mir spüre, wünsche ich jedem – ganz besonders Dir, verehrter Leser.

Ein sehr guter Freund von mir, Marvin, ist alleinverdienender Familienvater zweier Kinder. Er muß sein Haus abbezahlen, die Familie ernähren und die Bedürfnisse der Kinder und der Ehefrau so gut es geht befriedigen. Seine Frau behütet die Kinder und kümmert sich liebevoll um den Haushalt.

Marvin ist Psychotherapeut an einer großen Universitätsklinik. Die Arbeit bereitet ihm große Freude, sie erfüllt sein berufliches Leben. Mit den Arbeitskollegen und den Vorgesetzten kommt er gut zurecht – kurz, die Arbeit macht Spaß. An fünf Tagen der Woche ist er für seine Patienten da, sie bauen eine emotionale Verbindung zu ihm auf, und Marvin wird für diese Menschen ein wichtiger Faktor in der für sie so schwierigen Zeit.

Dann kommt – für alle aus heiterem Himmel – die Entlassung. Fristlos. Rückblickend betrachtet aufgrund einer absoluten Lappalie. Der Arbeitgeber akzeptiert die Therapieprotokolle nicht. Er soll die Protokolle verwenden, welche ihm der Arbeitgeber zur Verfügung stellt. Als Marvin ausführlich darlegt, weshalb seine selbstentwickelten Protokolle besser sind, sowohl für ihn als auch für die Klinik, kommt es zum Streit, welcher in der Entlassung mündet.

Nun stand mein guter Freund von heute auf morgen vor dem finanziellen Ruin. Mit dieser Vorgeschichte brauchte er sich erst gar nicht in anderen Kliniken bewerben, denn das Arbeitszeugnis war entsprechend der Situation schlecht ausgefallen. Nun war guter Rat teuer. Was sollte er tun?

Marvin und ich waren damals in engem Kontakt. Wir besprachen die Situation und er holte sich auch noch von weiteren Freunden Meinungen ein. Er war weder niedergeschlagen, aufgelöst oder gar panisch. Er stand mit geradem Rücken vor mir, sein Blick war fest. Eine bewundernswerte Haltung in der für ihn so schrecklichen Situation. Dann fiel seine Entscheidung: Ich mache mich selbständig. Mit eigener Praxis, auch wenn er nur privat abrechnen konnte, da er die Qualifikation nicht vorweisen konnte, die erforderlich ist, um mit Krankenkassen abrechnen zu können. Es war ein enormes Risiko, welches er eingegangen ist. Aber als er diese Entscheidung getroffen hatte, stellten sich seine Familie und seine Freunde hinter ihn.

Eine Berufskollegin hatte damals in ein paar hundert Metern Entfernung von Marvins Haus eine Praxis, und als sie von seinem Schicksal hörte, bot sie ihm spontan die Praxisräume an, wenn sie selbst diese nicht brauchte. Damit war das erste große Problem gelöst. Er hatte kostengünstig eine gute Räumlichkeit für seine Arbeit.

Marvin begann nun mit der Werbung für seine Praxis. Er erstellte Flugblätter, nutzte die modernen Medien und kontaktierte ehemalige Patienten. Und bereits nach kurzer Zeit meldeten sich die ersten Menschen, welche seiner Unterstützung bedurften.

Ja, die Anfangszeit war für Marvin und seine Familie nicht einfach. Das Geld war knapp, juristische Auseinandersetzung mit dem ehemaligen Arbeitgeber – all dies zerrte an seinen Nerven.

Heute, sieben Jahre später, steht mein Freund finanziell gut da, der Terminkalender ist stets gut gefüllt, seine berufliche Qualität sprach sich rasch herum. Er meinte einmal zu mir, er hätte sich niemals getraut, den Schritt in die Selbständigkeit zu wagen, zu groß seien seine Ängste gewesen. Deswegen ist er heute dankbar für die Entlassung, denn diese zwang ihn, seinen Traum zu erfüllen: eine eigene Praxis.

Was für eine Geschichte! Und von diesen gibt es so unfaßbar viele. Menschen, die scheinbar vor dem Aus stehen, entschließen sich erst dann, einen Weg zu gehen, den sie sich vorher nie getraut haben. Und sie ernten Erfolg damit. Jede dieser Geschichten ist faszinierend und inspirierend.

## 1.2: Warum dieses Buch

### 1.2.1: Einleitung – Dein Leben ist das, was Du daraus machst

Warum schreibe ich dieses Buch? Schließlich gibt es von Literatur dieser Art bereits so viele. Die Antwort ist recht einfach: Ich schreibe es, weil ich den Impuls hatte, dies zu tun. Weil es an der Zeit ist, mit meinen Gedanken und Erfahrungen ins Außen zu treten und den Menschen eine Inspiration zu bieten.

Dieses Buch ist die Niederschrift meiner Gedanken, Gefühle und Ideen. Es erhebt keinen Anspruch auf die einzig wahre Sicht auf die Dinge. Vielmehr soll es Dich inspirieren und Dich auf Deinem persönlichen Weg in ein glückliches und erfülltes Leben begleiten. Auch wenn Du Rückschläge erleiden solltest, kannst Du durch das erneute Lesen wieder Mut schöpfen und weitermachen.

### 1.2.2: Leben in der magischen Welt

Jeder Mensch hat es verdient, glücklich zu sein. Jeder Mensch hat es verdient, ein Leben zu führen, das er für sich möchte. Doch es gibt Kräfte, die dies nicht wollen – die nicht möchten, daß Du finanziell frei, glücklich und erfolgreich bist. Denn diese Menschen sind nicht kontrollierbar, nicht steuerbar. In den folgenden Kapiteln werde ich Dir aufzeigen, welche Hindernisse es gibt, wie sie Dich beeinflussen und was Du tun kannst, um Dich davon zu befreien. Du wirst erkennen, daß wir in einer absolut magischen Welt leben und daß wir alles, was wir brauchen, bereits in uns tragen.

### 1.2.3: Deine Gedanken und Deine Überzeugungen bestimmen Deine Realität

Unsere Gedanken sind wie ein inneres Navigationssystem. Sie lenken uns – bewußt oder unbewußt – in eine bestimmte Richtung. Wenn wir uns ständig auf Probleme, Mißerfolge und Sorgen konzentrieren, verstärken wir genau diese Dinge in unserem Leben. Wir geraten in einen Strudel aus negativen Emotionen, der uns immer tiefer in Angst, Frustration und Zweifel hineinzieht. Unser Körper reagiert darauf unter anderem damit: Streßhormone werden ausgeschüttet, unser Immunsystem wird geschwächt, und mit der Zeit kann sich dieses Muster sogar in Form von Krankheit manifestieren.

Doch das Erstaunliche ist: Wir haben die Wahl.

Unsere Gedanken bestimmen nicht nur, wie wir uns fühlen, sondern auch, wie unser Leben verläuft. Positive Gedanken erzeugen positive Emotionen – Freude, Zuversicht, Dankbarkeit. Diese Emotionen beeinflussen unser Verhalten: Wer sich gut fühlt, geht selbstbewußter durch den Tag, trifft bessere Entscheidungen und zieht Menschen an, die auf einer ähnlichen Frequenz schwingen. Dies betrifft nicht nur unser persönliches Glück, sondern auch unseren Erfolg im Beruf, unsere Beziehungen und unsere Gesundheit.

11

# Lebensglück

Stell Dir vor, Du wachst morgens auf und richtest Deinen Fokus bewußt auf alles, wofür Du dankbar bist. Wie würde sich Dein Tag verändern? Deine Energie, Dein Umgang mit Herausforderungen, Deine Begegnungen mit anderen Menschen?

Das Leben spiegelt unsere Gedanken wider. Wer negative Gedanken pflegt, wird eine Realität erschaffen, die von Schwierigkeiten und Mangel geprägt ist. Wer bewußt positive Gedanken kultiviert, öffnet sich für Möglichkeiten, Freude und Erfüllung.

Unsere Überzeugungen bestimmen nicht nur unser Wohlbefinden, sondern auch die Qualität unserer Beziehungen – insbesondere in der Partnerschaft. Viele Menschen sehnen sich nach Liebe, nach Geborgenheit, nach einem Partner, der sie versteht und wertschätzt. Doch tief in ihrem Inneren tragen sie Überzeugungen, die genau das verhindern.

Wer glaubt, daß er immer betrogen wird, wird – bewußt oder unbewußt – Partner anziehen, die genau dieses Muster bestätigen. Wer beispielsweise davon überzeugt ist, daß alle Männer Lügner oder alle Frauen untreu sind, wird sich immer wieder in Beziehungen wiederfinden, die genau dieses Bild widerspiegeln. Dies ist kein Zufall, sondern das Gesetz der inneren Ausstrahlung: Unsere tiefsten Glaubenssätze senden Signale aus, die Gleiches anziehen.

Stell Dir eine Frau vor, die in ihrer letzten Beziehung betrogen wurde. Sie trägt diesen Schmerz noch in sich und ist zutiefst davon überzeugt, daß alle Männer untreu sind. Mit dieser inneren Überzeugung betrachtet sie potentielle neue Partner durch eine Brille des Mißtrauens. Sie sucht – oft unbewußt – nach Anzeichen für Untreue, stellt kritische Fragen, verhält sich distanziert oder kontrollierend. Dieses Verhalten wiederum löst in ihrem Partner Unwohlsein aus – vielleicht fühlt er sich eingeengt, vielleicht wird er selbst unsicher oder zieht sich zurück. Und genau dieses Verhalten bestätigt ihre Überzeugung: „Ich wußte es! Männer sind nicht ehrlich!" Das Muster wiederholt sich, und die Spirale der Enttäuschung dreht sich weiter. Am Ende zerbricht an dieser Haltung die Beziehung und das Ganze beginnt von vorne. Ein Teufelskreis setzt ein.

Doch was wäre, wenn sie ihre Gedanken ändern würde?

Wenn sie tief in sich die Überzeugung verankern würde: „Ich bin es wert, geliebt zu werden. Ich vertraue darauf, daß ich einen ehrlichen, liebevollen Partner anziehe"? Ihr Blick auf Beziehungen würde sich wandeln. Sie würde liebevolle, vertrauenswürdige Menschen in ihr Leben ziehen und durch ihre positive Ausstrahlung genau jene Qualität in einer Beziehung erschaffen, die sie sich wünscht.

Das Gleiche gilt für jeden von uns. Unsere Gedanken formen unsere Partnerschaft – entweder erschaffen sie Nähe, Vertrauen und Liebe oder sie nähren Angst, Zweifel und Mißtrauen. Wer Liebe finden und erhalten möchte, sollte zuerst die Liebe in sich selbst stärken – durch positive Gedanken, durch das Loslassen alter Verletzungen und durch das Bewußtsein, daß das Leben uns immer das spiegelt, was wir tief in uns glauben.

Denn eine erfüllte Partnerschaft beginnt nicht im Außen – sie beginnt in unserem Kopf.

Unsere gesamte Realität ist kein Zufall – sie ist das Ergebnis unseres Denkens.

> **„Ob Du glaubst, Du kannst es oder Du kannst es nicht – Du hast in beiden Fällen recht."**
>
> **Henry Ford**

Ich lade Dich ein, einen spannenden, neuen Weg zu gehen, der Dich zu einem wunderbaren Ziel führen wird – nämlich zu Dir selbst und zu Deiner unversiegbaren Schöpferkraft.

### 1.2.4: Was Dich in diesem Buch erwartet

Die wichtigste Erkenntnis, die ich Dir mitgeben möchte, lautet: Alles, was Du brauchst, steckt bereits in Dir. In Deinem Innersten schlummert eine unermeßliche Kraft, eine Quelle von Lebensfreude, Leichtigkeit und Glück. Du brauchst lediglich den Schlüssel, der das Tor zu Deiner Schöpferkraft öffnet. Dieses Buch ist genau dieser Schlüssel. Es soll Dir nicht nur Wissen vermitteln, sondern Dir konkrete Werkzeuge an die Hand geben, mit denen Du aktiv an Deinem Lebensglück arbeiten kannst.

Stell Dir vor, Du hältst eine kleine Blumenzwiebel in Deinen Händen – unscheinbar, vielleicht schrumpelig und von Erde umhüllt. Niemand ahnt auf den ersten Blick, welche Pracht in ihr verborgen liegt. Doch tief in ihr schlummert die Anlage zu einer atemberaubend schönen Blüte. Alles, was sie braucht, ist der richtige Nährboden, ein wenig Licht, Wasser und Geduld. Und dann – fast magisch – entfaltet sie sich in voller Schönheit.

So ist es auch mit Dir. Alles, was Du für ein erfülltes, leichtes und glückliches Leben brauchst, ist bereits in Dir angelegt. Du mußt es nur zum Erblühen bringen.

Vielleicht fühlt sich Dein Leben gerade schwer an, als würdest Du im dichten Unterholz des Waldes feststecken, ohne zu wissen, in welche Richtung es weitergeht. Doch mit jeder Übung in diesem Buch, mit jedem bewußten Gedanken, mit jeder kleinen Veränderung, die Du vornimmst, lichtet sich Dein Weg. Mit der Zeit spürst Du, wie Dein Leben einfacher wird, wie Lebensfreude Einzug hält und Leichtigkeit Dich umgibt wie eine warme Frühlingsbrise.

Erinnere Dich an die mächtigen Eichen. Sie alle begannen als winzige Eichel, kaum größer als ein Fingernagel. Doch in dieser kleinen Eichel steckte bereits der mächtige Baum, der in den Himmel ragt. Genau so steckt in Dir bereits die beste Version von Dir selbst – die kraftvollste, strahlendste, glücklichste Version, die nur darauf wartet, entfaltet zu werden.

So wie die Natur in ihrem ewigen Kreislauf aus Werden und Vergehen immer wieder neu erblüht, so kannst auch

Du Dich erneuern. Es liegt in Deiner Hand, ob Dein Leben ein mühsamer Kampf bleibt oder ob Du mit der Leichtigkeit des Windes segelst. Wenn Du die Übungen in diesem Buch konsequent umsetzt, wird Dein Leben einfacher, erfüllter und freudvoller. Schritt für Schritt wirst Du erkennen, daß Du der Schöpfer Deines Glücks bist.

Mit diesem Bewußtsein kommt eine der wertvollsten Erfahrungen, die ein Mensch machen kann: wahre Unabhängigkeit. Denn ein Leben, das von Lebensglück, Dankbarkeit und Achtsamkeit erfüllt ist, ist auch immer ein Leben in Freiheit. Wenn Du mit Dir selbst im Reinen bist, brauchst Du keine äußere Bestätigung mehr, keine Meinungen Dritter, um Dich wertvoll zu fühlen. Dein Glück hängt nicht von materiellen Dingen oder flüchtigen Erfolgen ab. Es liegt in Dir – unerschütterlich und beständig.

Dieses Buch soll Dir nicht nur Wissen vermitteln, sondern auch konkrete Werkzeuge an die Hand geben, mit denen Du aktiv an Deinem Lebensglück – und somit auch an Deiner Unabhängigkeit – arbeiten kannst. Es ist an der Zeit, die Kontrolle über Dein eigenes Glück zu übernehmen – und das beginnt genau hier und jetzt.

---

### *Übung 1: Bewußtes Wahrnehmen Deiner Gedanken*

Wenn der Impuls kommt, setze Dich für fünf Minuten in Ruhe hin und beobachte Deine Gedanken. Welche davon sind positiv, welche negativ? Schreibe Dir die negativen Gedanken auf und überlege, wie Du sie in eine konstruktive Richtung lenken kannst. Diese Übung wird Dir helfen, ein Bewußtsein für Dein Denken zu entwickeln.

Insgesamt gibt es sechs Übungen in diesem Buch. Für diese findest Du am Buchende die notwendigen Übungsseiten. Wenn Du magst, nutze sie, um das Erlernte umzusetzen und mehr Glück und Zufriedenheit in Dein Leben zu ziehen.

# Gedanken sind nicht nur „im Kopf" – sie beeinflussen die Außenwelt

**A**lles, was von Menschenhand geschaffen wurde, begann als Gedanke – als ein heutzutage meßbares elektrisches Signal zwischen zwei Synapsen in einem Gehirn. Egal, ob eine Weltraumrakete oder ein Papierflieger, alles beginnt mit einer Idee. Der eine überlegt, wie eine Rakete beschaffen sein muß, um ins All zu fliegen, der andere tüftelt daran, wie sein Papierflieger am besten gleitet. Beide Ideen entstanden auf dieselbe Weise – als elektrischer Impuls im Gehirn.

Doch ein Gedanke allein reicht nicht aus, um etwas in die Realität zu bringen. Es braucht Vorstellungskraft, Überzeugung und den Willen zur Umsetzung. Die größten Erfindungen der Menschheitsgeschichte, vom Reißverschluß über das Automobil bis hin zum Computer, waren einst nichts weiter als Visionen in den Köpfen einzelner Menschen. Menschen, die an ihre Ideen glaubten, sich nicht von Rückschlägen entmutigen ließen und bereit waren, ihre Vision in die Tat umzusetzen.

Betrachten wir das Beispiel eines Malers. Bevor sein Pinsel die Leinwand berührt, existiert das Bild bereits in seiner Vorstellung. Er sieht die Farben, die Formen, die gesamte Komposition in seinem Geiste, lange bevor sie real wird. Ebenso verhält es sich mit Architekten, Musikern oder Schriftstellern – alles beginnt als ein unsichtbarer Funke im Inneren, der durch konzentrierte Gedanken und zielgerichtetes Handeln schließlich in die Welt tritt.

Doch diese schöpferische Kraft gilt nicht nur für Kunst oder Technik – sie bestimmt unser gesamtes Leben. Auch unsere persönlichen Erfolge, Beziehungen und Lebensträume entstehen zuerst als Idee. Der Mensch, der sich vorstellt, eines Tages ein eigenes Geschäft zu führen, legt in seinem Geist den Grundstein dafür. Diejenige, die sich wünscht, eine glückliche Familie zu haben, formt mit ihren Gedanken unbewußt die Basis für ihre Zukunft. Und wer ständig daran denkt, daß das Leben schwer sei und ihm stets nur Probleme begegnen, wird genau das erfahren.

Unsere Gedanken sind die Bausteine unseres Lebens. Wer lernt, sie bewußt zu lenken, wird erkennen, daß er nicht bloß ein Spielball des Schicksals ist, sondern sein Leben aktiv gestalten kann – genauso, wie ein Erfinder seine

Idee in die Welt bringt oder ein Künstler seine Vorstellung auf die Leinwand zaubert.

## 2.1: Wir sind alle Schöpfer

Nicht nur Dinge, sondern auch Situationen und Gefühle erschaffen wir durch unsere Gedanken. Schau Dich um: Alles, was Du siehst, war einmal lediglich eine Idee. Dein Smartphone, Dein Zuhause, die Kleidung, die Du trägst – all diese Dinge existieren, weil irgendwann jemand die Vorstellung davon hatte und danach gehandelt hat. Gedanken sind der Ursprung von allem, was in der physischen Welt existiert.

Doch nicht nur materielle Dinge entstehen aus Gedanken. Auch Deine Lebensumstände, Begegnungen und selbst Deine Gefühle sind ein Produkt dessen, was in Deinem Geist vor sich geht. Hast Du Dich schon einmal gefragt, warum manche Menschen scheinbar immer Glück haben, während andere sich von einer Krise zur nächsten schleppen? Ist das wirklich reiner Zufall – oder steckt mehr dahinter?

Nimm als Beispiel die Wahl Deines Autos. Vielleicht hast Du bewußt darüber nachgedacht, welches Modell Du fahren möchtest, welche Eigenschaften Dir wichtig sind, welche Farbe Dich anspricht. Plötzlich scheinst Du dieses Auto überall zu sehen – in Werbeanzeigen, auf der Straße, auf Parkplätzen. War das Magie? Nein, das ist Dein Unterbewußtsein, das aktiv nach diesem Auto gesucht hat, ohne daß Du es bemerkt hast. Dieses Prinzip nennt sich selektive

Wahrnehmung. Dein Geist filtert aus der Flut an Informationen das heraus, was mit Deinen Gedanken übereinstimmt.

Dasselbe geschieht in Deinen zwischenmenschlichen Beziehungen. Hast Du eine feste Vorstellung davon, daß alle Männer unzuverlässig sind oder alle Frauen klammern? Dann wirst Du immer wieder genau solche Menschen in Dein Leben ziehen, die dieses Bild bestätigen. Umgekehrt gilt: Wer tief in sich das Vertrauen trägt, eine liebevolle, respektvolle Partnerschaft zu führen, wird genau das erleben. Dein Denken und Deine tief verankerten Überzeugungen formen Deine Realität – ob Dir das bewußt ist oder nicht.

Ist das alles bloßer Zufall? Nein! Wir gestalten unser Leben auf zwei Ebenen: auf der bewußten Verstandesebene und der unbewußten emotionalen Ebene. Und genau hier liegt der Schlüssel: Während wir oft glauben, unser Leben rational zu lenken, sind es in Wahrheit unsere tiefsten Überzeugungen und Emotionen, die uns steuern. Wer beispielsweise unbewußt glaubt, Erfolg sei mit zu viel Anstrengung verbunden, wird immer wieder auf Hindernisse stoßen. Wer sich insgeheim für nicht liebenswert hält, wird in Beziehungen oft Zurückweisung erfahren.

Hier kommt dieses Buch ins Spiel: Es hilft Dir, diese unbewußten Prozesse zu erkennen, sie bewußt zu steuern und sie zu Deinem Vorteil zu nutzen – ohne anderen zu schaden. Denn wenn Du lernst, Deine Gedanken gezielt auszurichten, kannst Du nicht nur Dein Leben positiv verändern, sondern auch das Leben der Menschen um Dich herum bereichern.

Es beginnt mit einer einfachen, aber machtvollen Wahrheit: Du bist der Schöpfer Deiner Realität.

## 2.2: Die Wissenschaft hinter unseren Gedanken

Die Psychologie und Neurowissenschaften belegen längst, daß Gedanken unser Erleben formen. Ein zentrales Konzept dabei ist das retikuläre Aktivierungssystem, ein Netzwerk im Gehirn, das bestimmt, welche Informationen wir bewußt wahrnehmen. Wenn Du Dich beispielsweise auf den Kauf eines bestimmten Autos konzentrierst, wirst Du dieses Modell plötzlich überall sehen. Das liegt nicht daran, daß es mehr davon gibt, sondern daran, daß Dein Gehirn gezielt danach sucht.

Doch Gedanken beeinflussen nicht nur unsere Wahrnehmung, sondern auch unser Wohlbefinden. Der Psychotherapeut Christopher Gindele erklärt, daß Streß sowohl von äußeren Faktoren (zum Beispiel Überarbeitung oder finanzielle Sorgen) als auch von inneren (beispielsweise Grübeln oder Ängste) verstärkt wird. Entscheidend ist, wie wir mit belastenden Gedanken umgehen. Studien zeigen, daß Menschen unterschiedlich auf traumatische Erlebnisse reagieren: Während einige eine posttraumatische Belastungsstörung entwickeln, akzeptieren andere die Erinnerungen als natürliche Reaktion und können sie besser verarbeiten.

Die Metakognitionstheorie besagt, daß es weniger darauf ankommt, was wir denken, sondern wie wir mit Gedanken umgehen. Wer glaubt, belastende Gedanken verdrängen zu müssen, verstärkt sie oft ungewollt. Wer sie hingegen losgelöst betrachtet, nimmt ihnen die Macht.

*„Gedanken sind nicht die Realität – aber sie for-men sie."*

*Thomas John*

## 2.3: Brauchen wir wissenschaftliche Beweise?

Ja, die Wissenschaft beschäftigt sich auch mit diesen Themen. Doch brauchen wir immer eine wissenschaftliche Bestätigung, um an etwas zu glauben oder es als gegeben anzunehmen? Oder reichen nicht auch persönliche Erfahrungen als Beweis? Ich sage: Ja, sie reichen! Wissenschaft ist oft abstrakt, während eigene Erlebnisse und Erfahrungsberichte anderer Menschen direkte Bezüge zu unserer Lebensrealität haben.

---

### *Übung 2: Deine Gedanken bewußt lenken*

Ich lade Dich ein, Dir heute zehn Minuten Zeit zu nehmen, um Deine Gedanken zu beobachten. Schreibe drei positive Gedanken auf, die Du verstärken möchtest, und drei negative, die Du umformulieren kannst. Diese Übung hilft Dir, bewußter mit Deiner Gedankenwelt umzugehen und gezielt positive Veränderungen einzuleiten. Am Ende dieses Buches findest Du hierfür Übungsseiten.

---

In den nächsten Kapiteln werden wir noch viel tiefer in diese faszinierende Welt eintauchen. Bereit? Dann laß uns sogleich weitermachen!

## 2.4: Warum Menschen, die an Glück glauben, mehr Glück erfahren

Es gibt Menschen, die an ihr Glück glauben und so – oft unbewußt – eine positive Dynamik in ihrem Leben erschaffen. Das hat mehrere psychologische und praktische Gründe:

1. Selektive Wahrnehmung
   Wer sich auf das Gute konzentriert, nimmt es auch häufiger wahr. Unser Gehirn filtert ständig Informationen, und wer positive Dinge erwartet, wird sie eher sehen. Deswegen ist es so wichtig, daß wir uns von den ständig nur negativ berichtenden Medien fernhalten. Lassen wir den Fernseher und das Radio aus und trennen wir uns in den sozialen Medien und Netzwerken von den Kanälen, die nur negative Meldungen verbreiten.

2. Selbsterfüllende Prophezeiung
   Der Glaube an Glück führt dazu, daß man sich optimistischer verhält, Chancen eher erkennt und mutiger zugreift. Dadurch entstehen tatsächlich bessere Ergebnisse.

3. Ausstrahlung und Resonanz
   Ein glücklicher Mensch wirkt attraktiver und zieht eher
   positive Menschen und Situationen an. Wer lächelt, bekommt häufiger ein Lächeln zurück.

4. Rituale und Gewohnheiten
   Kleine Rituale spielen eine große Rolle. Sie helfen uns,
   den Fokus bewußt auf das Positive zu lenken, stärken
   das Selbstwertgefühl und programmieren das Unterbewußtsein auf Erfolg und Glück.

5. Resilienz
   Menschen, die an ihr Glück glauben, gehen mit Rückschlägen besser um. Sie sehen Mißerfolge als Lern-
   chancen statt als endgültige Niederlagen.

Man könnte also sagen: Glück ist keine Zufallsvariable,
sondern eine Fähigkeit, die man durch seine Gedanken,
Rituale und Handlungen aktiv beeinflussen kann.

Hier sind ein paar konkrete Beispiele, die zeigen, wie der
Glaube an Glück das Leben tatsächlich positiv beeinflussen kann:

1. Beispiel: Karriere und Erfolg
   Heinrich Müller ist davon überzeugt, daß er Glück hat
   und bewirbt sich auf eine Stelle, die über seinen aktu-
   ellen Qualifikationen liegt. Durch seine inspirierende
   Bewerbung wird er zu einem Vorstellungsgespräch ein-
   geladen und überzeugt dort durch seine Haltung, Aus-

drucksweise, Gesten und Mimik. Wäre er Pessimist, hätte sich gar nicht erst beworben.

2. Beispiel: Alltag und Zufälle
   Claudia Petersen glaubt, daß ihr gute Dinge passieren – sie geht aufgeschlossener durchs Leben. Eines Tages kommt sie mit einem Fremden in der Bahn ins Gespräch – und dieser stellt sich als jemand heraus, der ihr eine wertvolle private Chance bietet. Er berichtet ihr nämlich, daß er nun endlich umziehen kann, er aber leider noch keinen Nachmieter für seine alte Wohnung gefunden hat. Diese Wohnung liegt aber genau dort, wo Claudia gerne wohnen würde.

3. Beispiel: Gesundheit und Wohlbefinden
   Zwei Patienten, Anna Buchholz und Tim Behrens, liegen im Krankenhaus und haben die gleiche Diagnose – während Anna fest daran glaubt, wieder gesund zu werden, gibt sich Tim auf. Statistisch gesehen hat unsere Optimistin Anna bessere Heilungschancen, weil ihr Immunsystem durch die positive Einstellung gestärkt wird.

4. Beispiel: Beziehungen und Liebe
   Der verträumte Ole Jessen glaubt an Glück in der Liebe, bleibt offen für neue Begegnungen, flirtet eher und strahlt Selbstsicherheit aus. Jemand, der überzeugt ist, daß er „eh immer Pech hat", zieht sich zurück und bestätigt dadurch seine eigene negative Erwartung. Durch seine positive Grundhaltung lernt Ole beim Einkaufen zufällig die nette Heike kennen, und sie verabreden sich zu einem leckeren Kaffee.

5. Beispiel: Finanzielle Chancen
Der Unternehmer Sven Thorge, der an sein Glück glaubt, wagt eine Investition in eine Geschäftsidee. Er bleibt optimistisch, obwohl es anfangs Rückschläge gibt, und hält durch, bis sich der Erfolg einstellt. Ein Pessimist hätte bereits beim ersten Hindernis aufgegeben.

6. Beispiel: Alltagsrituale für mehr Glück
Ein Aspekt, der immer wieder vergessen oder vernachlässigt wird, ist die Wirkung von Ritualen. Wir Menschen lieben Rituale – unser Alltag besteht fast nur aus diesen. Beobachte Dich einmal selbst. Im Badezimmer, morgens nach dem Aufstehen, tun wir immer die gleichen Dinge in der gleichen Reihenfolge. Wir fahren immer die gleichen Strecken, wir denken die gleichen Dinge. Ich lade Dich zu einem kleinen Experiment ein. Putz Dir morgen früh die Zähne in einer anderen Abfolge, trink morgen früh keinen Kaffee, sondern ein Glas frischgepreßten Orangensaft – Du wirst merken, so einfach ist das nicht. Und genauso verhält es sich bei dem Thema Umgang mit uns selbst. Deswegen empfehle ich diese kleinen Rituale, die aber eine große Wirkung auf Dich und Dein Leben haben können:

• Morgens im Spiegel lächeln
Das Gehirn verbindet das Lächeln mit positiven Emotionen und startet den Tag besser.

• Dankbarkeitstagebuch oder Erfolgsjournal führen
Wer sich täglich auf das Gute konzentriert, sieht mit der Zeit immer mehr davon.

- Glücksmomente bewußt feiern
  Auch kleine Erfolge oder schöne Erlebnisse bewußt
  wahrnehmen und genießen – das verstärkt das Gefühl
  von Glück.

Glück ist oft eine Frage der Perspektive. Wer an sein
Glück glaubt, setzt automatisch Prozesse in Gang, die
es wahrscheinlicher machen.

## 2.5: Negative Gedanken als Selbstsabotage

Ohne daß wir es merken, werden wir durch die Außen-
welt zu Pessimisten gemacht. Unter Einfluß der Medi-
en wird uns eine Welt gezeigt, die wohl nur aus Krieg, Not
und künstlich erzeugten Dramen zu bestehen scheint. Dazu
kommen noch negative Glaubenssätze, die uns – zumeist
unbewußt – von anderen Menschen wieder und wieder ein-
gepflanzt werden. Dieser Cocktail führt dazu, daß wir selbst
damit beginnen, überwiegend nur noch negative Gedanken
zu entwickeln. Diese erhalten die Oberhand und starten ihr
schädliches Treiben. Dies führt zu Unzufriedenheit, Des-
interesse und Ablehnung. Gute Ratschläge oder liebende
Menschen werden weggedrängt, das negative Gedanken-
karussell beginnt sich immer schneller zu drehen. Am Ende
stehen Krankheit, Selbstzweifel und Mißerfolg.

Der Ausbruch aus diesem Teufelskreis ist jedoch einfacher
als man zunächst zu glauben vermag. Denn es müssen lediglich die eigenen Gewohnheiten, die (negativen) Rituale
abgeändert werden. Es braucht nur eine gewisse Portion

Willensstärke, um dies zu schaffen. Wem dies gelungen ist, auf den wartet eine neue, wunderbare Welt.

## 2.6: Wie Ängste und Zweifel die Realität verzerren

Zunächst widmen wir uns dem Verstand. Dieser wird wahrscheinlich sagen: „alles Quatsch, alles Blödsinn", denn wir haben von klein auf Glaubenssätze eingetrichtert bekommen. Und in der Regel sind diese negativ. Hier einige Beispiele von Glaubenssätzen, die es so gibt – und ganz bestimmt kennst Du auch einige von Ihnen:

- Kleine Sünden bestraft der Herrgott sofort
- Geld verdirbt den Charakter
- Iß Fleisch, damit Du später mal groß und stark wirst
- Du bist dumm
- Das schaffst Du doch sowieso nicht
- Erst die Arbeit, dann das Vergnügen
- Schuster, bleib bei Deinem Leisten

Mit solchen oder ähnlichen Glaubenssätzen werden wir von Beginn an „gefüttert". Und sie werden von uns übernommen. Leider. Denn sie formen uns um. Sie machen uns klein. Doch sie sind noch nicht die schlimmste Variante von negativen Glaubenssätzen, es gibt noch eine zweite Gruppe. Diejenigen, die wir in uns selbst kreieren. Dazu gehören Sätze wie:

- Ich darf keine Fehler machen
- Nur wenn ich erfolgreich bin, werde ich geliebt

# *Lebensglück*

- Das Leben ist schwer
- Ich bin nicht gut genug
- Ich darf keine Gefühle zeigen
- Keiner mag mich
- Ich habe nicht genug Talent
- Ich werde nie zu den Besten gehören
- Ich bin zu dumm dafür
- Das schaffe ich doch sowieso nicht. Da brauche ich erst gar nicht anzufangen
- Wenn ich andere frage oder um Hilfe bitte, halten sie mich für dumm beziehungsweise schwach
- Ich möchte von jedem gemocht werden
- Alle lästern über mich
- Warum passiert das ausgerechnet mir?
- Zeit darf man nicht verschwenden
- Was habe ich bloß wieder falsch gemacht?
- Das lohnt sich doch nicht

Diese Glaubenssätze, egal ob die selbstkreierten oder die uns immer wieder erzählten, sorgen dafür, daß wir uns immer nur auf das Negative konzentrieren. In der eigenen Vorstellung beginnt, alles blöd zu werden. Man wird immer kleiner, der Mut verschwindet, die Lebenslust wird abgelöst von Depressionen, schlechten Gefühlen. Man läuft durch die Welt und hat immer eine kleine Regenwolke über seinem Kopf.

Es folgt ein Beispiel aus dem Alltag, welches Du eventuell ebenfalls kennst.

Da liest man eine Stellenanzeige und denkt sich im ersten Moment, „das wäre genau das Richtige für mich". Und schon, nur eine Millisekunde später, hört man in sich drin eine Stimme, die ruft: „Die Stelle bekommst Du eh nicht!" Und schon blättert man weiter. Ich will mir gar nicht ausmalen wie viele Talente schon vergeudet wurden wegen dieses Satzes. Wie viele Menschen verkümmern an ihrer Arbeitsstelle, werden dadurch krank oder beginnen, das Arbeitsumfeld negativ zu beeinflussen, ja, sie beginnen tatsächlich, gegen die eigene Firma, in der sie arbeiten, zu agieren, wegen dieses allgegenwärtigen Glaubenssatzes.

Einer der ersten Grundsätze, die man im Verkauf lernt, lautet, daß man selbst von sich und seinem Produkt überzeugt sein muß. Ist man dies nicht, so kann man es gleich lassen, da dies der Kunde spürt. Sagt die innere Stimme, „Die Stelle bekommst Du eh nicht!", kann ich noch so viele Bewerbungen schreiben, ich werde diese Stelle niemals erhalten. Spätestens beim Vorstellungsgespräch ist Feierabend.

Es ist aber auch klar, warum wir an den negativen Glaubenssätzen festhalten, obwohl sie schädlich für uns sind. Es ist nämlich so, daß das menschliche Gehirn das Beibehalten von Gewohnheiten (und seien sie noch so schädlich für uns selbst) mit einem Spritzer Dopamin (lebenswichtiges Hormon und Botenstoff im Nervensystem) belohnt. Hintergrund ist der hohe Energieverbrauch des Denkens – täglich werden hierfür etwa zwanzig Prozent der Tagesenergie benötigt. Das macht eindrucksvoll deutlich, wie herausfordernd Veränderungen von Denkgewohnheiten sein können. Hat man aber diesen Weg erfolgreich beschritten, wartet eine faszinierende Welt auf uns. Und diese Welt zu erreichen, sollte uns aller Mühe Wert sein.

## *Übung: 3 Gedankenhygiene*

Worauf wir uns konzentrieren, verstärken wir. Laß uns gemeinsam prüfen, ob dieser Satz stimmt.

Betrachten wir die Medien. Diese haben schon früh erkannt, daß schlechte Nachrichten sich besser verkaufen lassen als gute. Deswegen sind sie dazu übergegangen, diese stärker zu verbreiten. Jeden Tag werden wir nun zugeschüttet mit Meldungen von Katastrophen, Unglücken, wer trennt sich von wem, künstlich erzeugte Dramen und so weiter. Vierundzwanzig Stunden pro Tag, auf allen Kanälen. Ob im Fernsehen, Radio oder den zahlreichen sozialen Medien und Netzwerken. Überall gibt es nur noch Katastrophen, Mord, Totschlag. Dazu kommen noch die negativen Glaubenssätze, die uns in eine bestimmte Richtung lenken. Sie werden ebenfalls über die Medien kommuniziert – an all dies haben wir uns gewöhnt. Wir kennen die Welt nur so. Die destruktiven Botschaften dringen in unser Unterbewußtsein und formen so unser Sein. Die meisten Menschen haben sich damit abgefunden und schwimmen – wie ein Korken im Meer – auf den künstlich erzeugten Wellen – halt- und heimatlos – durch ihr Leben. Diese Art der Wahrnehmung gilt es zu durchbrechen. Unterstützung durch Dritte ist leider nicht zu erwarten, wir selbst müssen hier unsere Medizin sein. Und unsere Therapie ist so einfach und doch so schwer. Wir müssen unseren Blickwinkel auf die Dinge ändern. Dies beginnt mit einfachen, aber sehr wichtigen Schritten. Die Übungsseiten hierfür findest Du ab Seite 96.

1. Schreibe eine Woche lang alle negativen Gedanken auf

Erstelle für Dich ein Tagebuch, in dem Du die negativen Gedanken festhältst, die in Dir aufsteigen. Sei hierbei bitte ehrlich zu Dir selbst und notiere alles, was Dir durch den Kopf geht. Dies könnten Gedanken sein wie:

• „Ich bin nicht gut genug."
• „Das schaffe ich sowieso nicht."
• „Immer passiert mir so etwas."

Wichtig ist, daß Du Dich nicht für Deine Gedanken verurteilst, denn die Gedanken werden erst zu den Deinigen, wenn Du ihnen glauben schenkst. Es geht nicht darum, sich schlecht zu fühlen, sondern darum, Bewußtsein zu schaffen. Es gibt hier kein richtig oder falsch, kein gut oder schlecht.

2. Erkenne die Muster

Nach einer Woche nimmst Du Dir Deine Aufzeichnungen vor und suchst nach wiederkehrenden Mustern. Stell Dir folgende Fragen:

Gibt es bestimmte Situationen oder Menschen, die negative Gedanken auslösen?

Welche Ängste oder Selbstzweifel tauchen immer wieder auf?

Gibt es ein Thema, das sich durchzieht (zum Beispiel: Unsicherheit, Angst vor Mißerfolg, Zweifel an den eigenen Fähigkeiten, Angst vor bestimmten Menschen wie zum Beispiel der Vorgesetzte oder ein Nachbar)?

Das Ziel dieser Übung ist es, Deine negativen Gedanken nicht nur zu sehen, sondern auch ihre Ursachen und wiederkehrenden Strukturen zu erkennen. Denn dies ist der Schlüssel, um sie erfolgreich abzuwenden und Dein Leben so auf eine neue Qualitätsstufe zu bringen.

3. <u>Ersetze negative Gedanken durch positive Alternativen</u>

Sobald Du Deine Denkmuster erkannt hast, kannst Du beginnen, sie aktiv umzuwandeln. Das bedeutet nicht, daß Du Probleme ignorierst, sondern daß Du lernst, sie aus einer anderen Perspektive zu betrachten. Hier sind einige Beispiele für den Austausch negativer Gedanken:

<u>Negativ:</u> „Ich bin nicht gut genug."  ⇨  <u>Positiv:</u> „Ich bin wertvoll und entwickle mich täglich weiter."

<u>Negativ:</u> „Ich werde niemals erfolgreich sein."  ⇨  <u>Positiv:</u> „Ich kann erfolgreich sein, wenn ich dranbleibe und an mich glaube."

Negativ: „Ich darf kei-  Positiv: „Fehler sind eine
ne Fehler machen." ⇨  Chance zu lernen und zu
wachsen."

Damit Deine neuen Überzeugungen wirksam werden, solltest Du sie regelmäßig wiederholen und in
Dein tägliches Denken integrieren. Schreibe sie auf
kleine Zettel und platziere sie an Orten, an denen Du
sie oft siehst. Wiederhole sie morgens und abends
laut vor dem Spiegel oder nutze sie als Affirmationen.
Je häufiger Du Dich mit positiven Überzeugungen
beschäftigst, desto mehr werden sie Teil Deiner Realität. Dein Unterbewußtsein beginnt, sich auf das
Neue einzustellen, und mit der Zeit wirst Du merken,
daß Du Dich anders fühlst und handelst.

Diese Übung ist ein machtvolles Werkzeug, um Dein
Denken gezielt zu steuern und Dich von alten, ein-
schränkenden Überzeugungen zu befreien. Probier
es aus und erlebe die Veränderung!

Welche Erkenntnis gewinnen wir aus der Übung? Der
bewußte Umgang mit negativen Gedanken ist ein
kraftvoller Schritt hin zu mehr innerer Ruhe und Lebensfreude. Indem Du Deine Denkmuster erkennst
und positiv umformulierst, übernimmst Du aktiv die
Kontrolle über Dein Denken – und damit auch über
Deine Realität. Und bitte, laß Dich nicht von diesem
faszinierenden Weg abbringen. Andere Menschen
werden schnell erkennen, daß Du Dich veränderst.

Sie werden versuchen, Dich daran zu hindern. Laß Dich darauf nicht ein. Es geht hier um Deine neue Ausrichtung, Deine neue Betrachtung der Welt. Konzentrier Dich auf Dich selbst und nicht auf die anderen.

In den nächsten Kapiteln werden wir noch viel tiefer in diese faszinierende Welt eintauchen. Bereit? Dann laß uns weitermachen!

Praxisbeispiel:
Ich selbst führe täglich ein Erfolgsjournal. Darin schreibe ich jeden Abend nach getaner Arbeit alles auf, was ich an diesem Tag erfolgreich erledigt habe. Am Ende der Woche übertrage ich alles in eine Wochenübersicht. Noch immer geschieht es mir, daß in mir der Gedanke laut wird, ich schaffe sowieso nichts. Dann nehme ich mir mein Erfolgsjournal zur Hand – es liegt im Sichtfeld auf meinem Schreibtisch – und werfe einen Blick hinein. Dann sehe ich, was ich alles bereits geschafft habe, und schon ist der negative Glaubenssatz verschwunden. Es geht mir besser, oft erwische ich mich dabei, wie ich lächle. Ich merke, wie ich mich innerlich aufrichte, und anschließend gehe ich mit noch größerer Begeisterung an mein Tagwerk. Die eigenen Notizen sind eine nicht zu unterschätzende Hilfe im Alltag. Deswegen kann ich jedem Menschen nur raten, ebenfalls ein Erfolgsjournal zu führen, und die Übungen, welche ich für dieses Buch erstellt habe, durchzuführen.

# Der Glaube versetzt Berge

*Er aber sprach zu ihnen: Wegen eures Kleinglaubens. Denn wahrlich, ich sage euch: Wenn ihr Glauben habt wie ein Senfkorn, so könnt ihr sagen zu diesem Berge: Heb dich dorthin!, so wird er sich heben; und euch wird nichts unmöglich sein.*

*Matthäus 17, 20*

## 3.1: Warum Glaube so mächtig ist

Die Vorstellung, daß der eigene Glaube die Realität verändern kann, ist tief in der Geschichte verwurzelt und findet sich in zahlreichen Religionen, Philosophien und sogar wissenschaftlichen Erkenntnissen wieder. Das oben genannte Bibelzitat ist eine Metapher, welche die enorme Kraft des Glaubens zeigt.

37

Doch nicht nur im christlich geprägten Lebensraum, auch im Hinduismus, insbesondere in der Bhagavad Gita, wird gelehrt, daß der unerschütterliche Glaube an sich selbst und an das Göttliche das Schicksal eines Menschen formen kann. Der Stoizismus, vertreten durch Philosophen wie Seneca und Marc Aurel, betont ebenfalls, daß unsere Wahrnehmung und unser Glaube über unser Leben bestimmen. In allen Regionen der Welt, zu allen Zeiten wurde und wird dies uns gelehrt.

Mittelalterliche Mystiker wie Meister Eckhart betrachteten den Glauben als eine schöpferische Kraft, die es dem Menschen erlaubt, sein Leben aktiv zu gestalten. Der Hermetismus (hierbei handelt es sich um eine Richtung der modernen italienischen Lyrik), dessen Lehren auf die Antike zurückgehen, besagt, daß „das Universum geistig ist" – eine Idee, die sich auch in modernen Konzepten der Manifestation wiederfindet. Auf das Thema Manifestation kommen wir zu einem späteren Zeitpunkt noch ausführlicher zu sprechen.

Selbst in der Wissenschaft gibt es Belege für die Macht des Glaubens. Der Placeboeffekt zeigt, daß allein die Überzeugung an die Wirksamkeit einer Behandlung tatsächliche physiologische Veränderungen bewirken kann. Der berühmte Mediziner Galen von Pergamon schrieb im zweiten Jahrhundert, daß er größere Behandlungserfolge bei Kranken habe, die von ihrer Genesung überzeugt seien. Und er erachtete das Vertrauen eines Patienten in die Arzneien und in den Arzt als wichtiger als die verabreichten Wirk-

stoffe an sich. Joseph Murphy, ein Pionier der Selbsthilfe-
literatur, beschreibt in „Die Macht des Unterbewußtseins",
daß unsere tiefsten Überzeugungen unser Leben steuern.
Napoleon Hill wiederum zeigt in „Denke nach und werde
reich", daß Glaube und mentale Ausrichtung der Schlüssel
zum Erfolg sind.

Auch die Quantenphysik liefert faszinierende Ansätze:
Experimente wie der Doppelspaltversuch zeigen, daß die
Beobachtung eines Ereignisses dessen Ausgang beein-
flussen kann. Bruce Lipton, ein Zellbiologe, beschreibt in
„Biologie des Glaubens", wie unsere eigenen Überzeugun-
gen unsere genetische Aktivität beeinflussen können.

Diese und viele weitere historische und wissenschaftliche
Erkenntnisse bestätigen, daß unser Glaube – sei es an uns
selbst, an eine höhere Macht oder an die unbegrenzten
Möglichkeiten des Lebens – eine Schlüsselrolle spielt. Die
Frage ist nicht, ob der Glaube Berge versetzt, sondern wel-
che Berge Du mit Deinem Glauben versetzen möchtest.

### 3.2: Die Kunst der Manifestation

Wir Menschen sind glücklicherweise in der Lage, nur
durch unsere bloße Vorstellungskraft – Dinge aktiv
zu beeinflussen. Das klingt zunächst einmal absurd, wenn
man sich mit dieser Thematik noch nie auseinandergesetzt
hat, doch das Spannende daran ist, daß wir täglich, per-
manent manifestieren. Unser Unterbewußtsein schafft die

ganze Zeit über unsere Realität. Wir sind uns in der Regel nur nicht bewußt, daß wir das Ganze tatsächlich beeinflussen können.

Beginnen wir im Kleinen und starten gleichzeitig eine wunderbare Übung: Wir bestellen uns für den nächsten Einkauf in der Stadt unseren Wunschparkplatz. Dabei ist es entscheidend, wie wir unseren Wunsch formulieren und visualisieren.

Du mußt vor Deinem geistigen Auge sehen, wie Du mit Deinem Wagen auf den Parkplatz fährst. Du mußt also gedanklich so tun, als wärst Du schon da. Nicht „Ich wünschte" oder „Schön wäre es, wenn…" darf der Satzbau sein, sondern tu gedanklich so, als wäre es bereits geschehen und fühl die Freude über Deinen Parkplatz intensiv. Nicht „Ich wünschte, ich wäre zwanzig Kilogramm leichter", sondern „Ich bin zwanzig Kilogramm leichter". Stell Dir bildlich vor, wie Du aussiehst, wenn Du Dein Ziel erreicht hast.

Um noch erfolgreicher zu manifestieren, ist es unabdingbar, alles aufzuschreiben oder sogar aufzumalen. Du kannst Dir auch eine Collage mit Bildern Deiner Wünsche erstellen – zum Beispiel von Deinem Traumhaus. Stell Dir vor, wie es ist, darin zu leben: Was siehst Du? Was fühlst Du? Schreib alles auf, verstärke es mit Bildern und sei so konkret wie möglich.

Manifestation ist eine kraftvolle Methode, die Dein Unterbewußtsein darauf programmiert, Deine Wünsche in die Realität zu bringen. Je präziser und emotionaler Du Deine Vision formulierst, desto größer ist die Wahrscheinlichkeit, daß sie sich erfüllt.

Das erfolgreiche Manifestieren ist stets mit einem Gefühl gekoppelt und muß so präzise wie möglich sein. Nehmen wir aus den oben genannten Beispielen eines heraus: zwanzig Kilogramm abnehmen. Es bringt überhaupt nichts zu denken, zu sagen oder zu schreiben: „Ich will zwanzig Kilogramm abnehmen" oder „Ich wünschte, ich wäre zwanzig Kilogramm leichter". Solche Sätze funktionieren nicht, denn man muß sich in den Zustand versetzen als wäre das Ziel bereits erreicht.

Beispiel: Nimm Dir Zeit. Schließ Deine Augen und atme ruhig ein und aus. Nun sprich den Satz (egal ob laut oder leise): „Im Sommer nächsten Jahres stehe ich am Strand und habe zwanzig Kilogramm abgenommen." Was fühlst Du, wenn Du Dich vor Deinem geistigen Auge dort nun siehst? Spürst Du den warmen Sommerwind, kannst Du die frische Meeresluft riechen? Schmeckst Du das Salz auf Deinen Lippen? Wie fühlt es sich an, mit zwanzig Kilogramm weniger am Strand entlang zu gehen? Was hast Du an? Bist Du allein oder sind noch andere Menschen dort? Wie fühlt sich der Sand unter Deinen Füßen an? Spürst Du die kleinen Steinchen?

Nun schreib alles auf. So detailliert wie möglich. Spür, wie Dein Körper sich positiv auflädt. Geh so oft Du kannst in dieses wunderbare Gefühl hinein. Konzentrier Dich auf dieses wunderschöne Bild von Dir selbst.

# *Lebensglück*

Wenn Du dies tust, werden wunderbare Dinge geschehen. Es werden auf einmal Menschen auftauchen, die das Thema „gesund abnehmen" umtreibt. Oder Du findest Videos auf youtube zu dem Thema, oder Apps. Oder Du stößt auf einmal auf ein Buch mit praktischen Tips zu dem Thema. Die Welt um Dich herum wird sich anfangen, zu verändern. Du wirst anfangen Dich zu verändern.

Die Manifestation kann für alles verwendet werden. Wir haben eine so unfaßbar große Macht, daß wir selbst geneigt sind, das als Blödsinn abzutun, denn so wurde es uns von der Kindheit an beigebracht. Wir können uns in der Regel überhaupt nicht vorstellen, daß wir eine solche Macht besitzen. Deswegen möchte ich Dir mit einem kleinen Beispiel beweisen, daß es geht. Und somit komme ich wieder zum Anfang des Kapitels: Bestellen wir uns einen Parkplatz (im übrigen gibt es für das Universum kein klein oder groß – es zählt lediglich die Kraft der eigenen Vorstellung. Je stärker Deine Vorstellung ist, je mehr Menschen die gleiche Vorstellung in sich tragen und spüren, umso stärker wirkt es).

Wenn Du das nächste Mal wohin mußt, wo Du Probleme hast, einen vernünftigen Parkplatz zu finden, mach vorher diese Übung. Nimm Dir kurz Zeit dafür. Schließ Deine Augen und stell Dir vor Deinem geistigen Auge vor, wie es aussieht, wenn Du auf den Parkplatz fährst. Wie Du blinkst, lenkst und langsam den Wagen auf den Parkplatz fährst. Was fühlst Du dabei? Spüre, wie ein starkes Glücksgefühl Deinen Körper durchströmt. Ist es nicht ein wunderbares Gefühl? Nun öffne Deine Augen und fahr los. Und freu Dich die gesamte Fahrt darauf, daß Dein Parkplatz jetzt schon frei ist. Es kann durchaus sein, daß Du am Zielort zwei- oder dreimal eine Runde drehen mußt, aber ich versichere Dir, Dein Parkplatz wird frei sein. Und sollte es nicht dieser, sondern beispielsweise einer sein, der zwanzig oder dreißig Meter weiter weg ist, dann wird es einen triftigen Grund dafür geben. Vertrau Dir und den universalen Gesetzen der Anziehung.

Alles was man neu macht, braucht Übung. Das ist mit allen Dingen so, die wir lernen oder verbessern möchten. Beim Manifestieren ist es genauso. Nimm Dir Dinge oder Themen, die Dir wichtig sind, und beginne. Übe, übe, übe, und ehe Du Dich versiehst, werden die Dinge auf einmal um Dich herum anfangen, sich zu verändern. So, wie Du sie haben möchtest, so, wie Du sie brauchst.

Es gibt viele Namen für die Manifestation. „Bestellung beim Universum", „selbsterfüllende Prophezeiung", „Visualisierung" und so weiter. Welchen Namen das Kind trägt, ist unwichtig. Wichtig ist nur, daß man es anwendet.

## 3.3: Weitere psychologische Effekte von Überzeugungen

Absolute Überzeugungen haben einen massiven Einfluß auf unser Denken, Fühlen und Handeln. Sie prägen unsere Wahrnehmung der Realität, beeinflussen unsere Entscheidungen und steuern unser Verhalten – oft ohne, daß wir es bewußt merken. Neben den bereits behandelten Effekten (Selbstwirksamkeitseffekt – das sind die Glaubenssätze und dem Placeboeffekt) gibt es noch weitere. Diese lauten:

1. Der Pygmalion-Effekt
   Unsere Überzeugungen beeinflussen nicht nur uns selbst, sondern auch andere. Wenn wir hohe Erwartungen an jemanden haben, kann das dessen Leistung steigern. Umgekehrt können niedrige Erwartungen das Gegenteil bewirken.

2. Kognitive Dissonanz
   Wenn eine Überzeugung mit einer neuen Erfahrung kollidiert, entsteht ein innerer Konflikt. Unser Gehirn versucht, diesen durch Anpassung der Überzeugung oder Umdeutung der Erfahrung zu lösen. Das erklärt, warum es oft schwerfällt, alte Denkmuster zu ändern. Deswegen ist es so wichtig, ein Erfolgsjournal zu besitzen und uns täglich unsere Leistungen und unsere Erfolge aufzuschreiben.

3. Bestätigungsfehler
   Wir neigen dazu, Informationen so zu interpretieren, daß sie unsere bestehenden Überzeugungen stützen. Das kann dazu führen, daß wir nur das sehen, was wir erwarten, und gegensätzliche Fakten ausblenden. Eines der wichtigsten Bücher, die ich darüber gelesen habe – und was mich und mein Denken massiv verändert hat – lautet: „Über den richtigen Gebrauch des Verstandes". Es ist von dem englischen Philosophen John Locke (1632-1704). Kurz gesagt geht es in diesem Werk darum, daß wir nicht zu jedem Thema eine Meinung haben müssen, und wenn

wir eine haben und neue Informationen erhalten, müssen wir diese aufnehmen und unsere Meinung überdenken. Kommen wir zu dem Ergebnis, daß meine ursprüngliche Meinung nun nicht mehr richtig ist, so müssen wir diese ändern. Und dies fällt den meisten Menschen sehr schwer. Sie nehmen lieber Nachteile in Kauf, ja sogar die Vernichtung der eigenen wirtschaftlichen Existenz, als zuzugeben, daß sie unrecht hatten. Deswegen sei an dieser Stelle jedem dieses Buch empfohlen.

4. Der Nocebo-Effekt

Hierbei handelt es sich um das Gegenteil des Placeboeffekts: Wer glaubt, daß ihm etwas schaden wird (zum Beispiel ein Medikament oder eine Situation), kann tatsächlich negative Symptome entwickeln – nur aufgrund der Erwartung. Dies zeigt uns eindrucksvoll, daß es im Kosmos kein gut oder schlecht gibt. Wir erhalten das, was wir uns bestellen. Wir bekommen das, was wir uns – zumeist unbewußt – wünschen. Und deswegen ist es so wichtig, daß wir uns im Klaren darüber sind, was wir uns wünschen. Sind es Dinge oder Zustände, die uns guttun oder sind es welche, die uns schaden? Achtsamkeit uns selbst gegenüber ist hier das Stichwort. Fangen wir endlich an, uns selbst als das zu sehen, was wir sind. Das wichtigste in unserem Leben und dazu noch das wertvollste.

Diese psychologischen Mechanismen zeigen, daß Überzeugungen nicht nur subjektive Meinungen sind, sondern reale Auswirkungen auf unser Leben haben. Wer seine

Überzeugungen bewußt hinterfragt und positiv ausrichtet, kann seine Realität gezielt beeinflussen.

### 3.4: Die Geschichte von einem Menschen, der Unglaubliches geschafft hat

Die Welt ist voll von Menschen, die sich aus den größten Krisen wieder herausmanövriert haben, und das lediglich mit der Kraft des eigenen Glaubens. Die meisten Menschen, die solch großartige Leistungen vollbracht haben, bleiben jedoch unbekannt. Einige wenige werden durch die Medien bekannt und so der breiten Masse vorgestellt. Andere schreiben ein Buch darüber. Und über einen solchen Menschen möchte ich hier kurz berichten. Es handelt sich um einen Menschen, der alles Negative eines Tages über Bord geworfen hat und all die Verfahren, die wir hier besprechen, angewendet hat, ohne zu wissen, was der tat, denn er kannte sie nicht. Die Rede ist von Frank Bettger (1888-1981). Seine Geschichte hat mich persönlich sehr beeindruckt, und ich habe sie schon oft, sehr oft gelesen.

Bettger war ursprünglich Profisportler. Er spielte Baseball, bis ihn eine Schulterverletzung zwang, damit aufzuhören. War er zunächst niedergeschlagen, so gab er am Ende zu, daß diese Verletzung das Beste war, was ihm widerfahren sei, denn es zwang ihn, einen völlig neuen Weg zu gehen, der ihn schließlich zu finanziellem Wohlstand führte. Er erreichte also sein Ziel wegen der Verletzung. Das zeigt, daß aus Schrecklichem Gutes entstehen kann.

Bettger mußte sich nun umorientieren, und wurde Vertreter für Lebensversicherungen. Doch hierin war er richtig schlecht. Er war so schlecht, daß er sich und seine Familie nicht mehr ernähren konnte. Er war so schlecht, daß er nebenbei noch andere Tätigkeiten ausüben mußte. Am Ende wollte er den Beruf kündigen und sich als Ratenkassierer betätigen. Doch dann kam es zu einem wunderbaren Ereignis.

Bettger saß an seinem Schreibtisch, dachte über seine Lage nach und war verzweifelt. Da hörte er, wie ein Vorgesetzter zu einigen Vertretern sagte: „Zeigen Sie mir einen Vertreter, der pflichtbewußt jeden Tag seine fünf Kunden besucht und ihnen seine Geschichte erzählt, und ich will ihnen einen Mann zeigen, der nicht darum kommt, Erfolg zu haben". Und hier fiel es Bettger wie Schuppen von den Augen. Er dachte darüber nach und erkannte, daß er täglich nur zwei oder drei Kunden besuchte. Er raffte sich auf und begann, ein Erfolgsjournal zu führen. Dieses motivierte ihn, mehr Kunden zu besuchen, und es gelang ihm tatsächlich, so erfolgreich zu werden, daß er seine Familie wieder ernähren konnte. Doch damit nicht genug. Er wollte noch erfolgreicher werden in seinem Beruf, und daher entwickelte er eine Strategie, wie er dies erreichen konnte. Dies gipfelte darin, daß er dreizehn Übungen aufschrieb, die er jeweils eine Woche lang durchführte. So wurde jede Übung viermal im Jahr absolviert. Das Ergebnis war, daß er von einem Versager zum besten Lebensversicherungsvertreter der Gesellschaft aufstieg. Und das nur aufgrund seiner eigenen Begeisterung und seiner eigenen Ideen. Er tat zu Beginn nämlich so, als wäre er von demm was er tat, absolut begeistert. Er tat also so, als wäre er bereits an seinem Ziel angekommen. Er manifestierte also den perfekten Verkäufer. Und was wurde aus ihm? Richtig: der perfekte Verkäufer. Sein Buch trägt des Titel „Lebe begeistert und gewinne".

---

### Übung 4: Der innere Glaube-Check

Eine der größten Hürden auf dem Weg zu einem positiven und erfüllten Leben sind unsere eigenen Überzeugungen. Oft sind wir uns gar nicht bewußt, welche Glaubenssätze uns beeinflussen – sowohl positiv als auch negativ. Diese Übung hilft Dir, Deine tiefverankerten Überzeugungen zu erkennen und hinderliche Denkmuster durch förderliche Alternativen zu ersetzen.

1. <u>Liste aufschreiben: Welche Überzeugungen hast Du über Dich selbst?</u>
Damit Du möglichst einfach diese Übung umsetzen kannst, habe ich etwas für Dich vorbereitet. Geh auf Seite 108 dieses Buches. Hier findest Du Übungsseiten. Schreib alles auf, was Du über Dich selbst glaubst. Diese Sätze beginnen oft mit:

• „Ich bin …"
• „Ich kann …"
• „Ich darf nicht …"
• „Ich werde nie …"

---

Versuch möglichst viele Deiner Überzeugungen auf-zuschreiben. Sei ehrlich zu Dir selbst, denn nur so kannst Du erkennen, welche Gedanken Dich antrei-ben und welche Dich zurückhalten.

2. Welche sind hilfreich, welche hinderlich?
Geh Deine Liste nun durch und markier die Glaubens-sätze in zwei Farben: eine für positive, hilfreiche Über-zeugungen und eine für negative, einschränkende. Hilfreiche Überzeugungen sind jene, die Dich stärken, motivieren und Dir das Gefühl geben, daß Du Kontrol-le über Dein Leben hast. Hinderliche Überzeugungen hingegen sind oft geprägt von Selbstzweifeln, Ängsten oder negativen Erfahrungen aus der Vergangenheit.

Ein Beispiel:
Hilfreich: „Ich bin fähig, neue Dinge zu lernen."
Hinderlich: „Ich bin einfach nicht gut genug."

3. Wie kannst Du Deine negativen Glaubenssätze
   umformulieren?
Nun kommt der wichtigste Schritt: Wandeln wir die hinderlichen Glaubenssätze in positive, konstruktive Überzeugungen um. Wichtig ist hierbei, daß Du nicht einfach das Gegenteil formulierst, sondern eine re-alistische und unterstützende Alternative findest.

Negativ: „Ich schaffe     ⇨     Positiv: „Ich kann es Schritt
das nicht."                        für Schritt lernen."

# Lebensglück

Negativ: „Ich bin nicht gut genug.“ ⇨ Positiv: „Ich bin einzigartig und entwickle mich weiter.“

Negativ: „Immer passiert mir so etwas.“ ⇨ Positiv: „Ich kann aus jeder Erfahrung etwas lernen.“

Bei der Umkehr von diesen Glaubenssätzen achte bitte auch auf Deine Gefühle. Wie fühlt es sich an, wenn Du liest: „Ich bin nicht genug“; und wie fühlt es sich an, wenn Du liest: „Ich bin wertvoll“ oder „Das schaffe ich nie“ und „Ich kann alles schaffen“? Gefühle sind die Sprache unserer Seele. Und diese spricht immer wahr. Leider haben die meisten Menschen nie gelernt, sich selbst zu lieben, sich anzunehmen, so wie man ist. Wenn wir aber in uns gehen und prüfen, was diese Sätze für Gefühle auslösen, werden wir schnell erkennen, daß wir tatsächlich gut genug sind, daß wir mehr Kraft in uns tragen, die uns hilft, Ziele zu erreichen und Wünsche wahr werden zu lassen. Und dies alles führt zu einem zufriedenen und glücklichen Leben. Eines ist bei der Übung ebenfalls sehr wichtig: Wenn Du manifestierst, so achte darauf, daß Wort „nicht“ keinesfalls zu verwenden. Anstelle von: „Ich will nicht krank sein“, solltest Du schreiben: „Ich bin gesund“.

An dieser Stelle möchte ich auf die Königin des Umformulierens aufmerksam machen. Es handelt sich um die US-Amerikanerin Byron Katie, welche in der dunkelsten Stunde ihres Lebens den Schlüssel zu nachhaltigem Glück in allen

Lebensbereichen gefunden hat. Ihre Methode des Umkehrens praktiziert sie erfolgreich seit vielen Jahren. Sie teilt ihre Fähigkeit mit allen Menschen, die sich hilfesuchend an sie wenden. Ihre Fähigkeit nennt sie „The Work". Unter diesem Titel ist auch ihr Gundlagenwerk erschienen. Es ist jedem nur zu empfehlen, der sich noch intensiver mit der Thematik der Glaubenssatzumkehr beschäftigen möchte.

# Positives Denken als Lebensstrategie

## 4.1: Der Unterschied zwischen Realismus und blindem Optimismus

Oft wird positives Denken mit blindem Optimismus verwechselt. Doch während blindes Vertrauen darauf basiert, daß sich alles von selbst zum Guten wendet, bedeutet echtes positives Denken, Herausforderungen mit einer konstruktiven und lösungsorientierten Haltung zu begegnen. Dies ist auch der Grund dafür, weshalb so viele Menschen nichts von der Kraft der positiven Gedanken halten, denn sie gehen irrtümlich davon aus, daß man – wenn man nur fest genug visualisiert – nichts mehr tun muß. Dies ist jedoch nicht richtig. Neben der gedanklichen Ausrichtung, der Visualisierung des gewünschten Endziels ist die Tat ein wichtiger Bestandteil, um sein Ziel zu erreichen.

Der Realismus erfordert die Anerkennung der Wirklichkeit mit all ihren Schwierigkeiten und Begrenzungen. Wer realistisch denkt, sieht sowohl Chancen als auch Risiken und trifft Entscheidungen auf Basis von Fakten und Möglichkeiten. Blinder Optimismus hingegen verleitet dazu, Probleme zu ignorieren oder herunterzuspielen, was langfristig zu Enttäuschungen führen kann.

## 4.2: Warum positives Denken nicht bedeutet, Probleme zu ignorieren

Positives Denken bedeutet nicht, unangenehme Realitäten auszublenden, sondern sich klar für eine hoffnungsvolle und lösungsorientierte Perspektive zu entscheiden. Wer sich nur auf Probleme fokussiert, bleibt oft in negativen Gedankenschleifen gefangen und fühlt sich machtlos. Ein positiver Ansatz hilft dagegen, Probleme anzunehmen und aktiv nach Lösungen zu suchen. So begegnen wir heutzutage immer wieder Menschen, die sich darin zu gefallen scheinen, über alles und jeden immer nur zu meckern. Wenn man sie jedoch dazu auffordert, etwas an der Situation zu ändern, kommen sofort Sätze wie: „Daran kann man nichts ändern", „Das war doch schon immer so" oder „Auf uns kleine Leute hört man doch eh nicht". Diese Menschen haben sich in ihrem destruktiven Leben eingerichtet. Für sie ist es nahezu unmöglich herauszukommen, es sei denn, sie erkennen ihre Lage eines Tages und beschließen von sich aus, eine Änderung herbeizuführen.

## 4.3: Die Balance zwischen Akzeptanz und Veränderung

Eine gesunde Einstellung zum Leben besteht in der Balance zwischen Akzeptanz und Veränderung. Manche Dinge lassen sich nicht beeinflussen – hier ist es klug, sie zu akzeptieren, um nicht unnötig Energie in Widerstand zu investieren. Der Reinkarnationstherapeut Robert Betz meinte einmal: „Akzeptiere, was ist, und Du wirst immer glücklich sein". Dieser Satz hat mich sehr beeindruckt und dazu geführt, daß ich ruhiger und gelassener geworden bin. Wenn ich im Stau stehe kann ich mich noch so viel aufregen – der Stau wird dadurch nicht plötzlich verschwinden. Er ist da. Und ich stehe drin. Das ist nicht schön, aber unabänderbar. Also brauche ich mich nicht darüber aufzuregen.

Gleichzeitig gibt es viele Bereiche, in denen wir aktiv Einfluß nehmen können. Positives Denken hilft uns dabei, diese Möglichkeiten zu erkennen und sinnvoll zu nutzen. Das Phantastische ist, daß, wenn wir mit positivem Denken beginnen, wir immer mehr dieser Bereiche finden, in denen wir Veränderungen bewirken können.

## 4.4: Warum unser Gehirn auf Negatives gepolt ist (und wie wir das ändern können)

Unser Gehirn ist darauf programmiert, negative Informationen stärker zu gewichten als positive. Dieser Mechanismus stammt aus der Evolution: Unsere Vorfahren mußten potentielle Gefahren schnell erkennen und vermeiden, um zu überleben. Deshalb nehmen wir Bedrohungen und negative Erlebnisse intensiver wahr als neutrale oder positive Ereignisse.

Obwohl dieser Mechanismus uns in der Vergangenheit vor Gefahren geschützt hat, ist er heute oft hinderlich. In unserer modernen Welt führt er dazu, daß wir uns stärker auf Probleme konzentrieren, anstatt Lösungen zu sehen. Dies kann unser Wohlbefinden und unsere Entscheidungsfähigkeit negativ beeinflussen, zumal die Medien und viele unserer Mitmenschen ebenfalls ausschließlich negative Dinge berichten.

## 4.5: Methoden, um das Gehirn auf das Positive zu fokussieren

Die gute Nachricht: Wir können unser Gehirn trainieren, sich mehr auf Positives zu konzentrieren. Durch gezielte Übungen können wir unsere Wahrnehmung verändern und das Gleichgewicht zwischen positiven und negativen Gedanken verbessern. Dazu gehören unter anderem Dankbarkeitsübungen, Achtsamkeitstechniken, positive Rituale und bewußte Fokussierung auf Erfolge statt auf Mißerfolge.

## 4.6: Techniken für positives Denken im Alltag

### 4.6.1: „Reframing": Negative Ereignisse aus einer anderen Perspektive sehen

Reframing bedeutet, eine negative Situation aus einem anderen Blickwinkel zu betrachten. Anstatt sich auf das Problem zu fokussieren, wird die Situation aktiv umgedeutet. Beispiel: Statt sich über einen verpaßten Bus zu ärgern, kann man es als Gelegenheit sehen, die frische Luft zu genießen oder ein paar Minuten zur Ruhe zu kommen. Diese Technik hilft, negative Gedankenmuster zu durchbrechen und eine konstruktivere Sichtweise zu entwickeln.

Zu versuchen, eine Situation aus der Vogelperspektive zu betrachten und die Rolle des Beobachters einzunehmen, kann auch dazu beitragen, eine andere Sichtweise auf die Dinge zu bekommen.

### 4.6.2: Der bewußte Medienkonsum: Warum Nachrichten unser Denken beeinflussen

Nachrichten sind oft negativ geprägt, da sich schlechte Ereignisse besser verkaufen als positive. Ein permanenter Konsum negativer Schlagzeilen kann das eigene Denken beeinflussen und eine pessimistische Sicht auf die Welt fördern. Daher ist es wichtig, bewußt zu wählen, welche Informationen man konsumiert, und sich auch gezielt positiven Inhalten zuzuwenden – sei es durch inspirierende

Bücher, motivierende Podcasts oder Nachrichtenformate, die auch positive Entwicklungen beleuchten. Eine wunderbare Internetseite (auch als App verfügbar) ist zum Beispiel goodnews.eu. Hier bekommt der Leser jeden Werktag nur gute Nachrichten mitgeteilt. Auch auf Telegram (beispielsweise „Schöne Nachrichten"), X, Instagram und so weiter finden sich viele Kanäle, die bewußt nur positive und inspirierende Nachrichten und Meldungen senden. Ich kann jedem nur empfehlen, sich solchen Gruppen anzuschließen beziehungsweise zu abonnieren.

Mehr zu diesem Thema findest Du unter dem Kapitel 6.5.2: Medienkonsum und seine Auswirkungen auf unser Lebensglück auf Seite 84.

---

### Übung 5: Die 3-Gute-Dinge-Übung

Diese kleine und unglaublich einfache, aber effektive Technik nennt sich „3-Gute-Dinge-Übung" und stammt von dem Psychologen Martin Seligman. Dabei schreibt man jeden Abend in sein Tagebuch, Dankbarkeitstagebuch oder Erfolgsjournal drei positive Ereignisse des Tages auf. Diese können klein oder groß sein – etwa ein freundliches Gespräch, ein Erfolgserlebnis oder ein Moment der Entspannung. Diese Methode hilft, den Blick auf positive Aspekte des Lebens zu richten und langfristig eine optimistischere Grundhaltung zu entwickeln.

# *Lebensglück*

Zu Beginn kann es mitunter schwierig sein, drei Ereignisse zu notieren. Dann wirst Du etwas Zeit brauchen, doch bereits nach einer kurzen Weile wird es immer einfacher. Schon nach wenigen Minuten wird Dir auffallen, daß Du am Tag mehr als drei positive Ereignisse erlebt hast. Schreib sie alle auf. Spüre, wie Dein Geist sich neu ausrichtet und das Positive, das Schöne, der Erfolg sich immer stärker in Deiner Wahrnehmung konzentrieren.

# In allem Schlechten steckt etwas Gutes

## 5.1: Rückschläge als Wachstumschance

Menschen, die eine existenzgefährdende Krise erfolgreich bewältigen, werden oft mental stärker, weil sie dabei wichtige psychologische Anpassungsprozesse durchlaufen. Dazu gehören:

Entwicklung von Resilienz – Durch die Überwindung extremer Herausforderungen lernen Menschen, erfolgreich mit Streß umzugehen, Lösungen zu finden und ihre innere Widerstandskraft zu stärken.

Veränderte Perspektive auf Probleme – Nach einer existentiellen Krise erscheinen viele alltägliche Sorgen und Herausforderungen weniger bedrohlich. Man gewinnt dadurch eine neue Gelassenheit im Umgang mit Alltagsproblemen.

Erhöhtes Selbstvertrauen – Wer eine schwere Krise überstanden hat, weiß, daß er schwierige Zeiten meistern kann. Dieses Vertrauen in die eigene Fähigkeit zur Bewältigung stärkt das Selbstbewußtsein.

Wachstum durch Reflexion – Krisen zwingen Menschen dazu, sich mit ihren Werten, Prioritäten und Lebensentscheidungen auseinanderzusetzen. Dadurch können sie bewußter leben und sich auf das konzentrieren, was ihnen wirklich wichtig ist.

Bessere Emotionsregulation – Der Umgang mit schwierigen Gefühlen in Krisenzeiten hilft, emotionale Intelligenz zu entwickeln. Man lernt Gefühle wie Angst, Wut oder Trauer zu akzeptieren und trotzdem handlungsfähig zu bleiben.

Mehr Dankbarkeit und Lebensfreude – Viele Menschen berichten nach einer überstandenen wirtschaftlichen oder Lebenskrise, daß sie die kleinen Dinge des Lebens mehr schätzen und dankbarer für das sind, was sie haben.

Ich weiß, wenn jemand sich in einer extrem schwierigen, mit unter existenzbedrohenden Situation befindet, sind gute Ratschläge oftmals fehl am Platz. Umso wichtiger ist es, sich darauf vorzubereiten, denn es kann jeden Menschen treffen. Ein geliebter Mensch stirbt, man erleidet einen schweren Unfall, der Arbeitsplatz wird gestrichen und man wird arbeitslos. Es gibt zahllose Situationen, die für einen Menschen eine wirklich große Herausforderung sein können.

## 5.2: Geschichten von Menschen, die durch schwierige Zeiten gewachsen sind

Die Welt ist voll von Menschen, die Extremsituationen durchlebt haben und an ihnen gewachsen sind. Ich erlaube mir drei Fälle zu schildern. Nehmen wir als erstes Beispiel die US-amerikanische Schauspielerin Charlize Theron. Sie mußte einen schweren Schicksalsschlag verkraften: Als sie 15 Jahre alt war, erschoß ihre Mutter ihren Vater aus Notwehr, da er – aufgrund seiner Alkoholabhängigkeit – gewalttätig wurde. Erst verdrängte Charlize das Erlebte. Doch dann begab sie sich in Therapie und konnte das Familiendrama erfolgreich verarbeiten. Dabei lernte sie auch sich selbst besser kennen und fand ihre innere Stärke.

Eine ehemalige Kundin von mir erzählte mir einmal, daß sie vor vielen Jahren eine massive Depression entwickelt hatte, die darin gipfelte, daß sie nicht mehr das Haus verlassen konnte. Ein Jahr lang war sie nur zu Hause. Durch diese Lage verlor sie alles: das Haus, den Ehemann, die Arbeitsstelle. Nach einer erfolgreichen Therapie hat sie sich neu verliebt, eine neue Arbeitsstelle mit tollen Kollegen und eine wundervolle Tochter bekommen.

Ich selbst habe am 6. Februar 2025 meinen ersten schweren Autounfall erlitten. Abends um 21:20 Uhr kam ich von einem Kundentermin und wollte nach Hause. Ich fuhr von der Autobahn ab und wollte gerade eine Kreuzung überqueren, als ich plötzlich ohnmächtig wurde. Als ich wieder aufwachte, stand ich in einer Senke neben der Straße.

# *Lebensglück*

Mein Kopf war blutüberströmt, ich war orientierungslos. Ich rief die Polizei an und diese kümmerte sich um alles weitere. Im Krankenhaus stellte man mehrere Verletzungen im Gesicht fest und eine Erkrankung namens Hustensynkope. Das ist ein Husten, der dafür sorgt, daß man – aufgrund einer Art Krampf – nicht mehr atmen kann. Man wird sofort ohnmächtig.

In den nächsten Tagen bekam ich immer wieder diesen schrecklichen Husten, mehrmals am Tag wurde ich ohnmächtig. Ich mußte das Bett hüten, und meine Frau kam jedesmal herbeigelaufen, wenn ich hustete. Wurde ich bewußtlos, so hielt sie meinen Kopf.

Was sollte ich tun? Konnte ich meinen Beruf noch weiter ausführen? Was würde die Zukunft bringen? Diese und weitere Fragen stellte ich mir. Mein Bauchgefühl meinte jedoch, daß alles wieder gut werden würde (bis auf mein geliebtes Auto, das war nur noch Schrott). Und dann kam wie aus dem Nichts der Impuls zur Niederschrift dieses Buches. Nun sitze ich also hier in meinem Bett, umsorgt von meiner Frau und meinen Kindern, und habe nun die Gelegenheit, ein solch umfassendes und emotionales Buch zu verfassen.

Ich weiß, daß ich vor einigen Jahren mit einer solch schrecklichen Situation anders umgegangen wäre.

Ich denke, jeder Mensch hat solch eine Situation schon einmal in seinem Leben gehabt. Es passiert etwas und man fragt sich als erstes: „Wie soll ich das nur schaffen?"

Und im nachhinein ist man stolz auf sich, weil man es tatsächlich geschafft hat. Man hat eine Krise überwunden, an der andere scheitern.

---

### Übung 6: Die „Goldgrube" in der Krise finden

Doch genug von fremden Menschen. Kommen wir zu dem wichtigsten Menschen in Deinem Leben: Dich. Denk einmal nach und – wenn Du magst – mach Dir Notizen dazu:

- Welche schwierigen Situationen hast Du gemeistert?
- Sind positive Dinge daraus entstanden?
- Wie kannst Du diese Einstellung für zukünftige Herausforderungen nutzen?

---

# *Lebensglück als bewußte Entscheidung*

## 6.1: Warum Glück eine innere Einstellung ist

Es gibt interessante wissenschaftliche Studien, welche eindrucksvoll aufzeigen, daß positives Denken einen unmittelbaren Einfluß auf das Wohlbefinden hat. Hier sind einige zentrale Erkenntnisse:

1. Die Wirkung von Optimismus auf die Gesundheit
   Eine der bekanntesten Studien zur Rolle des Optimismus stammt von den US-amerikanischen Psychologen Charles Carver und Michael Scheier. In umfangreichen Studien fanden sie heraus, daß optimistische Menschen unter anderem:

   • weniger streßanfällig sind,
   • ein stärkeres Immunsystem haben und
   • eine höhere Lebenserwartung aufweisen.

2. Die Nonnenstudie – Positives Denken verlängert das Leben

In einer sehr bekannten Langzeitstudie mit katholischen Nonnen wurde analysiert, wie sich ihre Lebenshaltung auf ihre Gesundheit und Langlebigkeit auswirkt. Die Nonnen, welche in ihren frühen Tagebüchern eine positive Sprache verwendeten, lebten im Schnitt bis zu zehn Jahre länger als diejenigen mit negativem Fokus.

3. Barbara Fredricksons „Broaden-and-Build"-Theorie

Der US-amerikanischen Psychologin Fredrickson gelang es zu belegen, daß positive Emotionen das Gehirn öffnen und erweitern (engl. „broaden"), wodurch Menschen kreativer, widerstandsfähiger und sozial verbundener werden. Zudem helfen sie, langfristige Ressourcen für Wohlbefinden und Resilienz aufzubauen (engl. „build").

4. Martin Seligman und die „3-Gute-Dinge-Übung"

Seligman, einer der Begründer der Positiven Psychologie, untersuchte in einer großangelegten Studie die Wirkung der „3-Gute-Dinge-Übung". Teilnehmer, welche sich jeden Abend drei positive Dinge notierten, erlebten innerhalb von sechs Monaten eine signifikante Steigerung ihres Wohlbefindens und eine Verringerung depressiver Symptome.

Die logische Schlußfolgerung kann also nur eine sein: Positives Denken steigert nicht nur das eigene Wohlbefinden, sondern hat auch körperliche Vorteile. Es hilft dabei, Streß zu reduzieren, das Immunsystem zu stärken und die Lebensdauer zu verlängern.

*Lebensglück*

## 6.1.1: Warum äußere Umstände weniger wichtig sind als innere Haltung

Wissenschaftler aus aller Welt zeigen immer wieder, daß unsere innere Haltung einen wesentlich stärkeren Einfluß auf unser Glück und auf unser Wohlbefinden hat als die äußeren Umstände. Hier sind die wichtigsten Gründe dafür:

1. Die „Glücksformel" – Warum äußere Umstände nur zehn Prozent ausmachen
   Die Psychologin Sonja Lyubomirsky hat herausgefunden, daß unser langfristiges Glück zu vierzig Prozent von unserer inneren Haltung und unseren bewußten Gedanken und Handlungen abhängt, während äußere Umständen wie Einkommen, Wohnort oder Status lediglich zehn Prozent ausmachen.

   Das bedeutet, daß Menschen selbst unter schwierigen Lebensumständen glücklich sein können – und umgekehrt, daß Wohlstand, Status oder Erfolg nicht automatisch Zufriedenheit bringen.

2. Der „Hedonistische Anpassungseffekt" – Warum äußere Umstände schnell zur Normalität werden
   Studien belegen, daß Menschen sich sehr schnell an positive Veränderungen anpassen. Zum Beispiel:

   Lottogewinner sind nach wenigen Monaten nicht glücklicher als vorher.

Menschen mit körperlichen Einschränkungen empfinden oft nach einiger Zeit wieder das gleiche Lebensglück wie vor ihrem Schicksalsschlag.

Das zeigt, daß äußere Umstände oft nur kurzfristige Glücksbringer sind – die langfristige Zufriedenheit hängt viel mehr von unserer inneren Haltung ab.

3. Die Macht der Interpretation – Wie wir Situationen bewerten, entscheidet über unser Glück
Zwei Menschen können exakt die gleichen äußeren Umstände haben, aber völlig unterschiedlich darauf reagieren.

Eine Person sieht eine berufliche Kündigung als totale Katastrophe.

Eine andere sieht sie als Chance für einen aufregenden Neuanfang.

Unsere innere Einstellung kann demnach wirklich beeinflussen, wie wir auf Lebenslagen reagieren – und ob wir daran wachsen oder daran zerbrechen.

4. Die Kontrolle liegt bei uns – Warum die innere Haltung formbar ist
Während wir äußere Umstände oft nicht beeinflussen können (Wirtschaftslage, Wetter, Politik), haben wir volle Kontrolle über unsere Gedanken, Perspektiven und Reaktionen.

Dankbarkeit, Optimismus und Achtsamkeit lassen sich bewußt trainieren. Hier helfen die in diesem Buch genannten Übungen und die dazugehörigen Übungsseiten am Ende des Textes.

Mentale Gewohnheiten wie das Reframing (Umdeutung negativer Ereignisse) helfen uns, unser Glück unabhängig von äußeren Faktoren zu steigern.

Somit bleibt nur eine Erkenntnis für uns: Glück ist kein Produkt der äußeren Umstände, sondern eine Frage der inneren Haltung. Wer das versteht und trainiert, kann unter fast allen Bedingungen ein erfülltes Leben führen.

## 6.2: Glück durch Dankbarkeit, Achtsamkeit und bewußte Lebensführung

Dankbarkeit ist eine der wirksamsten Methoden, um das Wohlbefinden zu steigern und eine positivere Grundhaltung zu entwickeln. Hier sind einige praktische Ansätze, mit denen Du Dankbarkeit in Dein Leben integrieren kannst:

1. Die „3-Gute-Dinge-Übung"
   Wie oben bereits geschildert, schreibt man jeden Abend drei Dinge auf, für die man an diesem Tag dankbar war. Das können große oder kleine Dinge sein. Diese Übung hilft, den Fokus auf das Positive zu lenken und langfristig eine dankbarere Grundhaltung zu entwickeln.

2. Dankbarkeitstagebuch führen
Eine erweiterte Variante der „3-Gute-Dinge-Übung" ist ein Dankbarkeitstagebuch oder ein Erfolgsjournal. Dabei kann man sich zusätzlich fragen:

Warum war diese Situation besonders wertvoll für mich? Welche positiven Auswirkungen hatte sie auf mein Leben?

Wie kann ich diesen Dankbarkeitsmoment vermehren? Durch diese Reflexion vertieft sich das Gefühl der Dankbarkeit.

3. Dankbarkeit verbal ausdrücken
Dankbarkeit wächst, wenn man sie teilt. Indem man Menschen bewußt für ihre Unterstützung oder Freundlichkeit dankt, verstärkt sich nicht nur das eigene Glück, sondern auch die Beziehung zu anderen. Möglichkeiten sind:

• Ein persönliches „Danke"
• Eine Nachricht oder ein Anruf
• Ein Dankbarkeitsbrief, in dem man jemandem seine Wertschätzung ausdrückt

Diese kleinen Veränderungen in unserem Alltag können helfen, den Blick für das Gute im Leben zu schärfen.

4. Dankbarkeit für Herausforderungen entwickeln
Auch schwierige Zeiten können etwas Positives haben. Die Frage „Was kann ich aus dieser Situation lernen?"

hilft, auch Rückschläge aus einer neuen Perspektive zu betrachten. Solltest Du ein Dankbarkteitstagebuch oder Erfolgsjournal führen, kannst Du jederzeit in die Vergangenheit zurückkreisen und Du wirst feststellen, daß Krisen von Dir erfolgreich gemeistert worden sind. Wenn Du nun in Dich gehst, wirst Du sicherlich eine tiefe Dankbarkeit spüren. Du hast es geschafft. Darauf darfst Du gerne stolz sein. Du bist so stark, sei dankbar dafür.

5. Die „Wenn-Dann-Dankbarkeit"

Es gibt Menschen, die sagen: „Ich werde dankbar sein, wenn …" (beispielsweise wenn ich mehr Geld habe, eine Beförderung bekomme). Doch Glück entsteht nicht in der Zukunft, sondern in der Gegenwart. In diesem Moment. Mach einmal eine kurze Lesepause und überleg Dir, wofür Du genau jetzt dankbar bist, denn Dankbarkeit ist wie ein Muskel – je häufiger sie praktiziert wird, desto stärker wird sie. Schon kleine tägliche Übungen können langfristig das Lebensglück steigern.

## 6.3: Achtsamkeitsübungen für mehr Zufriedenheit

### 6.3.1: Warum Achtsamkeit genauso wichtig ist wie Dankbarkeit

Neben der Dankbarkeit gibt es noch die Achtsamkeit. Sie ist die Fähigkeit, sich voll und ganz auf den gegenwärtigen Moment zu konzentrieren – ohne zu urteilen und ohne Ablenkungen. Diese Praxis bringt uns näher zu uns selbst und hilft uns, den alltäglichen Streß hinter uns zu lassen.

Beide sind zwei kraftvolle Werkzeuge für ein erfülltes Leben. Sie helfen dabei, ein bewußteres Leben zu führen, den Moment zu schätzen und das eigene Wohlbefinden zu steigern. Während Dankbarkeit uns lehrt, das Gute in unserem Leben zu erkennen und wertzuschätzen, hilft Achtsamkeit dabei, im Hier und Jetzt präsent zu sein und das Leben intensiver wahrzunehmen.

Dennoch gibt es einen entscheidenden Unterschied: Dankbarkeit richtet den Fokus auf das, wofür wir dankbar sein können – oft ein Blick in die Vergangenheit oder eine Reflexion über Positives im Leben. Achtsamkeit hingegen bedeutet, den gegenwärtigen Moment vollständig zu erleben, ohne zu urteilen oder in Gedanken abzuschweifen.

## 6.3.2: Warum ist das wichtig?

In unserer heutigen hektischen Welt sind wir oft mit den Gedanken in der Zukunft oder hängen in der Vergangenheit fest. Wir machen uns Sorgen über das, was noch kommen könnte, oder ärgern uns über Dinge, die geschehen sind. Dadurch verpassen wir den Augenblick, das Hier und Jetzt – den einzigen Moment, den wir wirklich erleben können und der – wenn er verpaßt worden ist – unwiederbringlich verloren ist.

Gelingt es uns, Achtsamkeit und Dankbarkeit zu kombinieren, entsteht eine besonders kraftvolle innere Haltung:

Achtsamkeit hilft uns, bewußter wahrzunehmen, was gerade ist.

Dankbarkeit hilft uns, das Positive in unserem Leben zu sehen und wertzuschätzen.

Wer beides regelmäßig praktiziert, lebt nicht nur bewußter, sondern auch glücklicher. In den nächsten Abschnitten erfährst Du, wie Du Achtsamkeit gezielt in Deinen Alltag integrieren kannst.

### 6.3.3: Sieben wirkungsvolle Achtsamkeitsübungen

Im folgenden möchte ich Dir sieben wirklich wirkungsvolle Achtsamkeitsübungen aufzeigen, die, regelmäßig durchgeführt, die Wahrnehmung des Außen entscheidend ändern kann.

1. Die 5-4-3-2-1-Übung für den Moment
   Diese Übung hilft, den Fokus ins Hier und Jetzt zu bringen:

   5 Dinge bewußt sehen (zum Beispiel die Farbe eines Gegenstands, das Licht, Schatten)
   4 Dinge bewußt hören (beispielsweise Stimmen, Vogelzwitschern, eigene Atmung)
   3 Dinge bewußt fühlen (zum Beispiel Kleidung auf der Haut, den Stuhl unter dir)
   2 Dinge bewußt riechen (beispielsweise frisch aufgebrühten Kaffee, frische Luft)

1 Sache bewußt schmecken (zum Beispiel einen Schluck kaltes Wasser genießen)

2. Atemfokus – Die 4-7-8-Methode
Diese einfache Atemtechnik beruhigt den Geist:

4 Sekunden einatmen durch die Nase
7 Sekunden den Atem halten
8 Sekunden langsam ausatmen durch den Mund

Diese Übung ist bitte mehrmals zu wiederholen. Sie ist vor allem ideal vor dem Schlafen oder in Streßsituationen.

3. Achtsames Gehen
Beim Spaziergang bewußt auf jeden Schritt achten:

• Wie fühlt sich der Boden an?
• Wie bewegen sich Deine Beine?
• Welche Geräusche nimmst Du wahr?

Das hilft, den Kopf zu klären und wirklich präsent zu sein. Grundsätzlich ist es zu empfehlen, so oft es geht sich in die freie Natur zu begeben und dort spazieren zu gehen. Ganz besonders Wälder, Seen und Flüsse laden uns förmlich ein, zu ihnen zu kommen. Die Schwingungen, welchen man dort ausgesetzt ist, helfen uns, zu uns zu finden, gesund zu werden oder zu bleiben, herunterzufahren und ganz im Moment zu verweilen. Besonders geeignet sind ruhige, menschenleere Gegenden, wo einem die Natur ganz alleine gehört.

4. Essen wieder genießen
   - Zu Beginn das Essen bewußt ansehen und riechen.
   - Langsam kauen und auf den Geschmack achten.
   - Ohne Ablenkung (Smartphone oder Fernseher) essen.
   - Auf das Sättigungsgefühl achten und nur so viel essen, bis man wirklich satt ist.

   Dadurch genießt man das Essen intensiver und ißt oft auch bewußter und weniger. Dies kann auch dazu beitragen, daß Völlegefühle, Blähungen und andere Erscheinungen des zu schnellen Essens abgemildert werden oder sogar ganz verschwinden.

5. Dankbarkeitsmoment am Morgen
   Gleich nach dem Aufwachen drei Dinge aufzählen, für die man heute bereits jetzt schon dankbar ist – das kann das schöne Frühstück, das gemütliche Bett oder ein bevorstehendes schönes Ereignis sein.

6. Gedanken anhalten
   Wenn ein negativer Gedanke kommt, ihn wahrnehmen und innerlich sagen: „Halt!" Sich sodann fragen: „Hilft mir dieser Gedanke jetzt?" Falls nicht, formuliere einen positiven Gedanken und setze diesen als Gegengewicht ein.

7. Der „One-Minute-Check-In"
   Mehrmals am Tag eine Minute innehalten und sich fragen:

   - Wie geht es mir gerade wirklich?
   - Wo spüre ich Anspannung oder Ruhe?
   - Was brauche ich jetzt?

Diese kleine Reflexion kann dazu beitragen, sich besser mit den eigenen Gefühlen zu verbinden.

## 6.4: Die Macht der kleinen Dinge

Rituale sind für uns Menschen wichtig, weil sie Struktur und Verläßlichkeit in unser Leben bringen. Sie schaffen eine gewisse Ordnung, die uns hilft, den Alltag zu bewältigen und uns sicher zu fühlen. Rituale, selbst die kleinen, können uns auch emotional stabilisieren, indem sie wiederkehrende, positive Momente in unserem Leben erzeugen, die uns Trost und Freude spenden.

Kleine Rituale können unser Leben auf verschiedene Weise bereichern. Wenn wir uns bewußt Zeit für kleine Rituale nehmen, wie beispielsweise einen Tee am Morgen oder ein paar Minuten Meditation, hilft uns das, im Moment zu leben und den Tag achtsam zu beginnen. Diese Momente der Ruhe können uns helfen, den Kopf freizubekommen und uns zu entspannen (Achtsamkeitsmomente schaffen). Darüber hinaus helfen sie, den Streß des Alltags zu bewältigen, indem sie uns eine regelmäßige Auszeit geben, um uns zu sammeln. Wiederholende Handlungen, wie das Zubereiten eines Tees oder das Schreiben eines Dankbarkeitstagebuches, beruhigen das Nervensystem und geben uns das Gefühl, Kontrolle zu haben.

Rituale schaffen oft eine Verbindung zu anderen Menschen, sei es ein gemeinsames Abendessen mit der Familie oder das Teilen eines besonderen Moments mit einem

Freund. Diese sozialen Bindungen sind entscheidend für unser Wohlbefinden und können unser Gefühl der Zugehörigkeit stärken.

Wenn es uns gelingt, kleine Rituale zu etablieren, können sie uns ebenfalls dabei helfen, gesunde Gewohnheiten zu entwickeln. Sei es ein regelmäßiger Spaziergang, das tägliche Lesen in einem Buch oder das Praktizieren von Dankbarkeit – diese Rituale unterstützen uns dabei, ein erfüllteres Leben zu führen. Zusätzlich bieten sie eine Möglichkeit, unsere Erfolge oder die positiven Aspekte des Lebens zu feiern, sei es ein Moment der Dankbarkeit am Ende des Tages oder das Anzünden einer Kerze, um den Feierabend zu begrüßen. Sie erinnern uns daran, daß wir das Leben aktiv gestalten und schätzen können.

Insgesamt helfen uns Rituale, die Zeit bewußt zu nutzen und ein Gefühl der Kontrolle und Zufriedenheit zu entwickeln, was uns wiederum zu einem glücklicheren Leben führt.

### 6.4.1: Die Kraft der Rituale in schwierigen Zeiten

Das Leben verläuft nicht immer gerade und leicht. Es gibt Momente, in denen wir uns verloren, erschöpft oder überfordert fühlen. Zeiten, in denen wir Abschied nehmen müssen, vor großen Herausforderungen stehen oder uns einfach der Mut fehlt, weiterzugehen. Doch genau in diesen Momenten brauchen wir eine Quelle der Stärke, die uns durch den Sturm trägt.

Rituale sind schon seit Anbeginn der Menschheitsgeschichte ein machtvolles Mittel, um uns mit unserer inneren Kraft zu verbinden. Sie schaffen Halt, schenken uns Klarheit und helfen uns, das Unvermeidliche anzunehmen – ohne dabei unsere Hoffnung zu verlieren oder daran zu zerbrechen. Während kleine Rituale unseren Alltag bereichern, gibt es auch große Kraftrituale, die uns in schwierigen Situationen tiefgreifend unterstützen. Sie wirken wie ein energetisches Reset: Sie helfen uns, loszulassen, neue Perspektiven zu gewinnen und wieder in unsere Mitte zu finden.

Die folgenden Rituale sind dafür gedacht, Dich durch herausfordernde Zeiten zu begleiten. Jedes von ihnen spricht eine andere Dimension Deiner Seele an – sei es das Loslassen alter Belastungen, die Rückverbindung zur Natur, die Stärkung der Selbstliebe, die Reinigung von negativen Energien oder die Aktivierung Deines inneren Lichts.

Und weil jede Krise auch eine Einladung zur Veränderung ist, empfehle ich Dir, nach jedem Ritual Dein Dankbarkeitstagebuch zur Hand zu nehmen. Schreib auf, was Du losgelassen hast, was Dich heute getragen hat und wofür Du trotz allem dankbar bist. Denn selbst in den dunkelsten Nächten gibt es immer ein Licht – manchmal braucht es nur ein kleines Ritual, um es wiederzusehen.

Bei sämtlichen Ritualen sollte der Kopf eine untergeordnete Rolle spielen. Wichtig dabei ist, daß Du Dir die Zeit nimmst und Du fühlst, wie das Ritual von Dir Besitz ergreifst. Das Gefühl spielt eine wesentlich wichtigere Rolle als der Verstand. Dies ist auch so etwas, was uns abtrainiert worden ist – mehr auf das Gefühl zu vertrauen als auf den Verstand. Deswegen kann es notwendig sein, die Rituale mehrmals durchzuführen, denn so trainierst Du Deine Gefühlswelt und verstärkst zugleich die Wirkung des Rituals; denn es ist die Wiederholung, welche das Ritual zu einem mächtigen Instrument werden läßt.

Bist Du nun bereit, Dich auf die Kraft der Rituale einzulassen? Dann laß uns gemeinsam eintauchen.

1. Das Feuer-Ritual des Loslassens
Loslassen ist nicht einfach, aber oft notwendig, um weiterzugehen. Hier erfährst Du, wie dieses Kraftritual abläuft:

- Schreib alles auf, was Dich belastet: Sorgen, Ängste, negative Gedanken oder Erinnerungen.
- Nimm Dir Zeit, um jedes Wort bewußt zu betrachten und die Emotionen wahrzunehmen.
- Zünde eine Kerze oder ein kleines Feuer (beispielsweise in einer Feuerschale) an.
- Lies Dir Deine Worte noch einmal laut oder leise vor und sag dann bewußt: „Ich lasse dies nun los und vertraue darauf, daß das Leben mich führt."
- Verbrenn das Papier und beobachte, wie sich Deine Last in Rauch auflöst.
- Schließ das Ritual mit einem tiefen Atemzug und der inneren Bestätigung: „Ich bin frei für Neues."

2. Das Natur-Ritual der Erdung
Wenn das Leben stürmisch wird, brauchen wir Stabilität. Darum:

- Such einen ruhigen Ort in der Natur – einen Baum, eine Wiese oder einen Fluß.
- Zieh Deine Schuhe aus und stell Dich barfuß auf die Erde.
- Atme tief ein und stell Dir vor, wie Du mit jedem Atemzug Energie aus dem Boden aufnimmst.
- Leg die Hände auf Deinen Bauch und spüre, wie Dein Körper fest mit der Erde verbunden ist.
- Falls Du magst, umarm einen Baum und übertrag bewußt Deine Sorgen an ihn. Stell Dir vor, wie er sie verwandelt.
- Bleib so lange, wie Du brauchst, um Ruhe und Stabilität in Dir zu spüren.

3. Das Spiegel-Ritual der Selbstliebe

Gerade in schweren Zeiten müssen wir uns immer wieder selbst daran erinnern, daß wir wertvoll sind.

- Stell Dich vor einen Spiegel und betrachte Dich mit liebevollen Augen.
- Leg eine Hand auf Dein Herz und sag laut: „Ich sehe Dich. Ich fühle Dich. Ich bin für Dich da."
- Wiederhol dann mehrere Male eine positive Bestätigung, zum Beispiel:
  „Ich bin stark und werde diesen Weg meistern."
  „Ich bin liebenswert, genau so wie ich bin."
  „Ich vertraue darauf, daß das Leben für mich arbeitet."
- Schau Dir dabei tief in die Augen und spür, wie die Worte in Dir widerhallen.

4. Das Wasser-Ritual der Reinigung

Manchmal fühlen wir uns belastet und brauchen eine energetische Reinigung.

- Füll eine Schale mit warmem Wasser oder nimm eine Dusche.
- Falls Du eine Schale benutzt, tauch Deine Hände hinein und stell Dir vor, daß das Wasser alle negativen Gedanken oder Emotionen sanft fortwäscht.
- Falls Du duschst, laß das Wasser über Dich fließen und visualisiere, wie alles Schwere mit dem Wasser hinabgespült wird.
- Währenddessen kannst Du sagen: „Ich lasse alles los, was mir nicht mehr dient. Ich bin frei."
- Nach dem Ritual reib Dich mit einem wohlriechenden Öl oder einer Lotion ein und stell Dir vor, wie Du Dich mit neuer Energie auffüllst.

5. Das Lichtritual der inneren Führung

In schwierigen Zeiten hilft uns unsere innere Weisheit weiter.

- Zünd eine Kerze an und setz Dich in einem ruhigen Raum vor sie.
- Schau für einige Minuten in die Flamme und stell Dir vor, wie sie Dein inneres Licht aktiviert.
- Leg eine Hand auf Dein Herz und frag Dich: „Was brauche ich jetzt wirklich?"
- Wart in Stille auf eine Antwort – sie kann als Gedanke, Gefühl oder Bild kommen.
- Schreib die Antwort anschließend auf und formulier

daraus einen stärkenden Satz. Dieser kann beispielsweise lauten:

„Ich habe die Kraft, meinen eigenen Weg zu gehen."
oder
„Ich vertraue dem Leben und seiner Weisheit."

Diese Kraftrituale helfen Dir, schwere Zeiten mit mehr Klarheit, Mut und innerer Ruhe zu meistern. Und sie alle lassen sich wunderbar mit dem Dankbarkeitstagebuch verbinden, denn selbst in herausfordernden Momenten gibt es immer etwas, wofür wir dankbar sein können – und Dankbarkeit ist eine der größten Kräfte, die uns durch jede Dunkelheit trägt.

## 6.4.2: Achtsamkeit und Dankbarkeit im Jahreskreis

Die Natur ist ein unerschöpflicher Quell der Inspiration und des Trostes. Jede Jahreszeit hat ihre eigene Schönheit und Lehren, die uns helfen, achtsamer zu leben und dankbarer zu sein.

Im Frühling erblüht die Natur in frischer Pracht. Die Tage werden länger, die Blumen sprießen, und die Vögel singen ihre Lieder. Dies ist eine Zeit des Neubeginns, des Wachstums und der Erneuerung. Achtsamkeit im Frühling bedeutet, die ersten Knospen an den Bäumen zu beobachten oder bewußt einen Spaziergang durch blühende Gärten zu machen. Laß Dich von der Energie der Natur inspirieren und spür, wie sie auch in Dir neue Lebensfreude weckt.

# Lebensglück

Der Sommer bringt Wärme und Fülle. Die Tage sind lang, die Sonne strahlt, und die Natur ist in voller Blüte. Achtsamkeit im Sommer kann darin bestehen, die Sonne auf der Haut zu spüren oder den Duft von frischen Früchten in der Luft zu genießen. Dies ist die Zeit, in der wir uns entspannen und das Leben in vollen Zügen genießen können. Dankbarkeit im Sommer bedeutet, sich bewußt für die Leichtigkeit und Freude zu öffnen, die diese Jahreszeit mit sich bringt.

Der Herbst ist die Zeit des Wandels. Die Blätter färben sich, die Ernte wird eingebracht, und die Natur bereitet sich auf die Ruhe des Winters vor. Dies ist eine Zeit der Rückschau und des Loslassens. Achtsamkeit im Herbst bedeutet, die Farbenpracht der Bäume zu bewundern oder die frische, klare Luft zu atmen. Dankbarkeit im Herbst kann darin bestehen, die Fülle der Ernte zu schätzen und sich für das, was das Jahr uns bisher geschenkt hat, zu bedanken.

Der Winter bringt Stille und Einkehr. Die Tage sind kürzer, und die Natur ruht. Achtsamkeit im Winter bedeutet, die Stille der verschneiten Landschaft zu genießen oder sich bei einem warmen Getränk in einem bequemen Sessel zurückzuziehen. Diese Zeit lädt ein, nach innen zu schauen und den eigenen Geist zu beruhigen. Dankbarkeit im Winter kann darin bestehen, sich für die Ruhe und die Gelegenheit zur Rückschau zu bedanken. Es ist auch eine Zeit, um sich mit sich selbst zu verbinden und dankbar für das Erlebte und die bevorstehenden Möglichkeiten zu sein.

Indem wir uns auf die Achtsamkeit und Dankbarkeit in jedem Moment und jeder Jahreszeit einlassen, können wir die Verbindung zur Natur vertiefen und ihre heilende Kraft in unser Leben integrieren. Die Jahreszeiten erinnern uns daran, daß alles einen natürlichen Rhythmus hat – auch wir. Wenn wir mit diesem Rhythmus leben, können wir uns selbst in Harmonie mit der Welt um uns herum erleben.

## 6.5: Die Bedeutung von sozialem Umfeld, Medienkonsum und positiven Beziehungen

Das soziale Umfeld, Medienkonsum und positive Beziehungen spielen eine entscheidende Rolle dabei, wie wir unser Lebensglück, unsere Dankbarkeit und unser Gefühl der Geborgenheit erfahren. Sie beeinflussen die Wahrnehmung von uns selbst und der Welt um uns herum und können entweder förderlich oder hinderlich für unser emotionales Wohlbefinden sein.

### 6.5.1: Soziales Umfeld

Ein stabiles soziales Umfeld, welches aus Familie, Freunden und Kollegen besteht, ist eine wichtige Quelle für emotionale Unterstützung. Es gibt uns das Gefühl der Zugehörigkeit und Bestätigung. In Zeiten der Unsicherheit oder Schwierigkeit können wir uns auf unsere Beziehungen stützen, was zu einem erhöhten Gefühl der Geborgenheit führt. Positive Interaktionen mit anderen Menschen fördern nicht nur unser Glück, sondern auch unser psychisches Wohlbefinden. Gemeinsame Erlebnisse, Lachen und das Teilen von Erfahrungen stärken unser Vertrauen in das Leben allgemein.

In einem solchen positiven sozialen Umfeld können wir leichter dankbar sein für die Beziehungen und Unterstützung, die wir erhalten. Unseren Mitmenschen können uns dabei helfen, auch in schwierigen Zeiten eine positive Haltung zu bewahren.

## 6.5.2: Medienkonsum und seine Auswirkungen auf unser Lebensglück

Medien, insbesondere soziale Medien, haben eine enorme Macht über unser Denken, unser Selbstbild und unser Weltverständnis. Sie sind allgegenwärtig und können – bewußt oder unbewußt – unser Verhalten und unsere Emotionen beeinflussen. In seinem Buch „Versklavte Gehirne" beschreibt der bekannte Autor Heiner Gehring, wie moderne Technologien und Medien, insbesondere das Fernsehen, als Werkzeuge der Bewußtseinskontrolle und Verhaltensbeeinflussung dienen. Gehring argumentiert, daß die ständige, passiv empfangene Informationsflut unser kritisches Denken hemmt und uns in einen Zustand der geistigen Passivität versetzt. Dies begünstigt eine Form der „Gedankenversklavung", bei der die Individuen zunehmend gesteuert und manipuliert werden, ohne sich dessen bewußt zu sein.

Viele Medien neigen zur Dramatisierung von Ereignissen, dazu, Sensationen zu inszenieren und die Aufmerksamkeit auf negative Ereignisse zu lenken. Der ständige Fokus auf Not, Elend und Skandale verstärkt diese passive Wahrnehmung und führt zu einer verzerrten Sichtweise der

Welt. Wir sehen vor allem die dunklen Seiten des Lebens, während Hoffnung, Schönheit und menschliche Güte oft in den Hintergrund treten. Diese negative Schieflage, die durch die Medien immer wieder befeuert wird, hat tiefgreifende Auswirkungen auf unser Weltbild und unser inneres Gleichgewicht.

Langfristig kann dieser Negativfokus nicht nur zu Ängsten, Sorgen und Streß führen, sondern auch zu einem allgemeinen Sittenverfall und einer Kulturlosigkeit, in der Werte wie Mitgefühl und Respekt zunehmend in den Hintergrund geraten. In „Versklavte Gehirne" weist Gehring darauf hin, daß der ständige Konsum von destruktiven und oft unreflektierten Inhalten die geistige Freiheit der Menschen einschränkt. Besonders in den sozialen Medien verstärken sich diese Effekte noch, da der ständige Vergleich mit idealisierten Lebensweisen und Bildern von „Erfolg" und „Perfektion" das Selbstwertgefühl untergräbt und ein Gefühl der Unzulänglichkeit erzeugen kann. Studien haben gezeigt, daß übermäßiger Medienkonsum mit steigender Unzufriedenheit, Einsamkeit und sogar Depressionen in Verbindung steht.

Doch Medien sind per se weder gut noch schlecht – es kommt darauf an, wie wir sie nutzen. In einer Welt, in der Medien allgegenwärtig sind, wird es immer wichtiger, sich bewußt von den negativen Einflüssen abzuschirmen. Eine Abkopplung von diesen Medien – und vor allem von Inhalten, die uns herunterziehen oder manipulieren – kann uns helfen, unser inneres Gleichgewicht zu bewahren und unser Lebensglück zu fördern. Indem wir uns von der ständigen Flut künstlich geschaffener Dramen und manipulativer Nachrichten distanzieren, gewinnen wir mehr Klarheit und können uns auf das konzentrieren, was wirklich zählt: unsere Familie, Freunde, erfüllende Momente und die Schönheit des Lebens.

Statt uns von Angst und Negativität vereinnahmen zu lassen, sollten wir unseren Medienkonsum gezielt steuern. Der bewußte Konsum von aufbauenden, inspirierenden und positiven Inhalten – sei es durch motivierende Geschichten, Lebenshilfe oder Berichte über menschliche Güte – kann unser Gefühl von Dankbarkeit und Lebensfreude stärken. Wenn wir unsere Aufmerksamkeit auf das Positive richten, können wir die destruktiven Einflüsse der Medien ausgleichen und unser allgemeines Wohlbefinden steigern.

Doch das Beste, was wir für unser seelisches Gleichgewicht tun können, ist, die digitalen Bildschirme immer wieder bewußt zu meiden und uns der realen Welt zuzuwenden. Ein Spaziergang im Wald, ein Nachmittag am Meer oder einfach ein tiefes Gespräch mit einem geliebten Menschen – all das ist wertvoller als jede Schlagzeile. Die Natur bietet uns eine Quelle der Ruhe und Erneuerung, die keine mediale Unterhaltung ersetzen kann. Gehring spricht in „Versklavte Gehirne" von der Bedeutung, sich von äußeren, unkontrollierbaren Einflüssen zu befreien, um die eigene geistige Freiheit zurückzugewinnen. Eine Rückkehr zur Natur und zu realen, positiven Erfahrungen ist ein wichtiger Schritt, um unser Leben weniger von den Einflüssen der Medien und mehr von echten, erfüllenden Momenten bestimmen zu lassen.

Indem wir lernen, unser eigenes Leben bewußt zu gestalten und uns von der Flut negativer oder reißerischer Nachrichten abzuwenden, gewinnen wir wahre innere Freiheit – und damit auch echtes Lebensglück. Der bewußte Umgang mit den Medien – das Filtern von Inhalten, die unser Wohlbefinden fördern, und das Setzen von Grenzen beim Medienkonsum – hilft uns, unser Leben weniger von äußeren Einflüssen abhängig zu machen und uns mehr auf die realen positiven Erfahrungen in unserem Umfeld zu konzentrieren.

## 6.5.3: Positive Beziehungen

Positive, unterstützende Beziehungen sind der Kern menschlichen Wohlbefindens. Sie bieten nicht nur Liebe und Unterstützung, sondern auch die Möglichkeit, sich selbst zu reflektieren und zu wachsen. Sie stärken das Gefühl von Geborgenheit, da wir uns in gesunden Beziehungen sicher und geschätzt fühlen. Menschen, die in solch positiven Beziehungen leben, haben ein höheres Maß an Lebenszufriedenheit. Das gegenseitige Geben und Empfangen von Unterstützung, Zuneigung und Wertschätzung schaffen ein Umfeld, in dem wir uns sicher und glücklich fühlen. Hierbei ist es unerheblich, mit wem wir diese Beziehung eingehen. Es kann ein Lebenspartner sein, aber auch ein Haustier oder ein spirituelles Wesen, was Dich in Deinem Leben begleitet. In diesen positiven Beziehungen wächst oft auch das Bewußtsein für Dankbarkeit – sowohl für die Beziehungspartner selbst als auch für die Momente des Glücks, die wir gemeinsam erleben dürfen. Dankbar-

keit in Beziehungen stärkt nicht nur das individuelle Wohlbefinden, sondern vertieft auch die Bindung und das Vertrauen zwischen den Menschen.

Zusammenfassend läßt sich sagen, daß ein gesundes
soziales Umfeld, ein bewußter Umgang mit Medien, die
positive Meldungen verbreiten, und stabile, positive Beziehungen wesentliche Faktoren sind, die unser Lebensglück,
unsere Dankbarkeit und unser Gefühl der Geborgenheit
beeinflussen. Indem wir uns von negativen, sensationsgie-
rigen Medien abkoppeln und uns den positiven Dingen im
Leben zuwenden, können wir unser Wohlbefinden nachhaltig fördern und ein erfülltes Leben führen. Unser Blick
auf die Welt ändert sich zum Positiven, und dies unterstützt
uns beispielsweise auch darin, Wünsche Wirklichkeit werden zu lassen.

*Fazit und Umsetzung*

### 7.1: Fazit

Lebensglück ist kein Zufall, sondern das bewußte Er-schaffen einer Realität, die im Inneren beginnt. Unsere Gedanken haben die Kraft, die Welt um uns herum zu formen, denn wir sind schöpferische Wesen in einer magischen Welt. Durch gezielte Rituale, Dankbarkeit, positive Beziehungen und den achtsamen Umgang mit äußeren Einflüssen können wir unser Leben aktiv gestalten und unser volles Potential entfalten.

### 7.2: Der nächste Schritt von Dir

Jede Veränderung beginnt mit dem ersten Schritt. Zu Beginn mag alles noch neu und ungewohnt sein, doch ich versichere Dir, mit jedem Tag, mit jeder Übung, wird es vertrauter.

Hast Du die vorangestellten Übungen durchgeführt? Sehr gut! Nun bist Du bereit für die 30-Tage-Challenge. Sie ist recht einfach. Absolviere an jedem Tag eine kleine Übung aus dem Buch – von Gedankenhygiene über Dankbarkeitspraxis bis hin zu bewußten Ritualen. Durch diese kontinuierliche Anwendung erfährst Du direkt, wie sich Dein Denken und Deine Realität verändern.

Nun bist Du am Ende des Buches angelangt. Ich möchte Dich dazu ermutigen, Dir nun Deine eigene Lebensphilosophie zu entwickeln. Diese kannst Du gestalten, indem Du folgende Fragen für Dich beantwortest:

Welche Gedankenmuster prägen mein Leben, und welche möchte ich gezielt verändern?

Welche Rituale oder Gewohnheiten tun mir gut und geben mir Kraft?

Wie kann ich meine schöpferische Energie gezielt einsetzen, um mein Leben nach meinen Wünschen zu gestalten?

## 7.3: Schluß

Nun liegt es an Dir, das Gelesene umzusetzen. Ich wünsche Dir dabei alles Gute und viel Erfolg. Mögest Du ab sofort exakt das Leben leben, daß Du Dir wünschst, denn Du hast es Dir verdient.

Zum Schluß möchte ich Dir noch eine kurze Geschichte ans Herz legen.

## Der Zauberer und sein Spiegel

In einem kleinen Dorf lebte einst ein weiser alter Mann, von dem die Leute sagten, er sei ein Zauberer. Die Menschen bewunderten ihn, denn er schien immer glücklich und voller Frieden zu sein, egal, was um ihn herum geschah. Eines Tages kam ein junger Mann zu ihm und fragte:

*„Meister, warum bist du immer so zufrieden? Warum scheint dein Leben voller Wunder zu sein, während andere ständig kämpfen und leiden?"*

Der alte Mann lächelte und führte ihn in sein Haus. Dort stand ein großer, schimmernder Spiegel.

„Sieh hinein," sagte der Zauberer.

Der junge Mann schaute in den Spiegel und sah sich selbst – genau so, wie er war.

„Was siehst du?" fragte der Weise.

*„Mich selbst, natürlich."*

„Gut. Jetzt lächle."

91

Der junge Mann lächelte, und sein Spiegelbild tat dasselbe.

„Jetzt runzle die Stirn und schau grimmig."

Auch das Spiegelbild tat es.

„Siehst du," sagte der alte Mann, „dieser Spiegel zeigt dir nur zurück, was du ihm gibst. Die Welt da draußen ist genau so ein Spiegel. Was du denkst, fühlst und in die Welt hinausstrahlst, kehrt zu dir zurück. Wer sich in Sorgen und Angst verliert, wird genau das in seiner Welt wiederfinden. Wer aber Freude, Vertrauen und Liebe aussendet, wird genau das in sein Leben ziehen."

Der junge Mann nickte nachdenklich. Zum ersten Mal verstand er: Sein Leben war nicht das Ergebnis von Zufällen oder äußeren Umständen – sondern seiner eigenen Gedanken.

**Ich wünsche Dir alles Liebe und Gute
von ganzem Herzen.**

### Übung 1: Bewußtes Wahrnehmen Deiner Gedanken

Setz Dich für fünf Minuten in Ruhe hin und beobachte Deine Gedanken. Welche davon sind positiv, welche negativ? Schreibe Dir die negativen Gedanken auf und überlege, wie Du sie in eine konstruktive Richtung lenken kannst.

Fünf Negative Gedanken:

_____

_____

_____

_____

_____

_____

_____

_____

_____

Wie kannst Du sie in eine konstruktive Richtung lenken?

_____

_____

_____

_____

_____

_____

_____

_____

_____

_____

Diese Übung wird Dir helfen, ein Bewußtsein für Dein Denken zu entwickeln.

## Übung 2: Deine Gedanken bewußt lenken

Nimm Dir zehn Minuten Zeit, um Deine Gedanken zu beobachten. Schreib drei positive Gedanken auf, die Du verstärken möchtest, und drei negative, die Du umformulieren kannst.

Drei positive Gedanken, die Du verstärken möchtest:

_____

_____

_____

_____

_____

_____

Drei negative Gedanken, die Du umformulieren kannst:

_____

_____

_____

_____

_____

_____

## Übung 3: Gedankenhygiene

1. Schreib eine Woche lang alle negativen Gedanken auf. Erstelle für Dich ein Tagebuch, in dem Du die negativen Gedanken festhältst, die in Dir aufsteigen. Sei hierbei bitte ehrlich zu Dir selbst und notiere alles, was Dir durch den Kopf geht. Dies könnten Gedanken sein wie:

   • „Ich bin nicht gut genug.“
   • „Das schaffe ich sowieso nicht.“
   • „Immer passiert mir so etwas.“

   Wichtig ist, daß Du Dich nicht für Deine Gedanken verurteilst.

Tag 1:

_____

_____

_____

_____

_____

_____

_____

_____

_____

_____

_____

_____

_____

_____

# *Lebensglück*

Tag 2:

_____

_____

_____

_____

_____

_____

_____

_____

_____

_____

_____

_____

_____

_____

_____

_____

_____

_____

Tag 3:

_____

_____

_____

_____

_____

_____

_____

_____

_____

_____

_____

_____

_____

_____

_____

_____

# Lebensglück

Tag 4:

_____

_____

_____

_____

_____

_____

_____

_____

_____

_____

_____

_____

_____

_____

_____

_____

_____

_____

Tag 5:

# *Lebensglück*

Tag 6:

Tag 7:

_____

_____

_____

_____

_____

_____

_____

_____

_____

_____

_____

_____

_____

_____

_____

2. Nach einer Woche nimmst Du Dir Deine Aufzeichnungen vor und suchst nach wiederkehrenden Mustern. Stell Dir folgende Fragen:

• Gibt es bestimmte Situationen oder Menschen, die negative Gedanken auslösen?

• Welche Ängste oder Selbstzweifel tauchen immer wieder auf?

• Gibt es ein Thema, das sich durchzieht (beispielsweise Unsicherheit, Angst vor Mißerfolg, Zweifel an den eigenen Fähigkeiten, Angst vor bestimmten Menschen wie zum Beispiel der Vorgesetzte oder ein Nachbar)?

_____

_____

_____

_____

_____

_____

_____

_____

_____

_____

3. Sobald Du Deine Denkmuster erkannt hast, kannst Du beginnen, sie aktiv umzuwandeln. Das bedeutet nicht, daß Du Probleme ignorierst, sondern daß Du lernst, sie aus einer anderen Perspektive zu betrachten. Hier sind einige Beispiele für den Austausch negativer Gedanken:

Negativ: „Ich schaffe das nicht."  ⟹  Positiv: „Ich kann es Schritt für Schritt lernen."

Negativ: „Ich bin nicht gut genug."  ⟹  Positiv: „Ich bin einzigartig und entwickle mich weiter."

Negativ: „Immer passiert mir so etwas."  ⟹  Positiv: „Ich kann aus jeder Erfahrung etwas lernen."

Bei der Umkehr von diesen Glaubenssätzen achte bitte auch auf Deine Gefühle. Wie fühlt es sich an, wenn Du liest: „Ich bin nicht genug". Und wie fühlt es sich an, wenn Du liest: „Ich bin wertvoll" oder „Das schaffe ich nie" und „Ich kann alles schaffen". Gefühle sind die Sprache unserer Seele. Und diese spricht immer wahr. Leider haben die meisten Menschen nie gelernt, sich selbst zu lieben, sich anzunehmen, so wie man ist. Wenn wir aber in uns gehen und prüfen, was diese Sätze für Gefühle auslösen, werden wir schnell erkennen, daß wir tatsächlich gut genug sind, daß wir mehr Kraft in uns tragen die uns hilft, Ziele zu erreichen und Wünsche wahr werden zu lassen. Und dies alles führt zu einem zufriedenen und glücklichen Leben. Eines ist bei der Übung ebenfalls sehr wichtig. Wenn Du manifestierst, so achte darauf, daß Wort „nicht" nicht zu verwenden. Anstelle von „Ich will nicht krank sein" solltest Du schreiben „Ich bin gesund".

## Übung 4: Der innere Glaube-Check

1. Schreib alles auf, was Du über Dich selbst glaubst. Diese Sätze beginnen oft mit:

- „Ich bin …"
- „Ich kann …"
- „Ich darf nicht …"
- „Ich werde nie …"

Versuch möglichst viele Deiner Überzeugungen aufzuschreiben. Sei ehrlich zu Dir selbst, denn nur so kannst Du erkennen, welche Gedanken Dich antreiben und welche Dich zurückhalten.

_____

_____

_____

_____

_____

_____

_____

_____

_____

# Übungsteil

2. Geh Deine Liste nun durch und markiere die Glaubenssätze in zwei Farben: eine für positive, hilfreiche Überzeugungen und eine für negative, einschränkende. Hilfreiche Überzeugungen sind jene, die Dich stärken, motivieren und Dir das Gefühl geben, daß Du Kontrolle über Dein Leben hast. Hinderliche Überzeugungen hingegen sind oft geprägt von Selbstzweifeln, Ängsten oder negativen Erfahrungen aus der Vergangenheit.

   Ein Beispiel:
   Hilfreich: „Ich bin fähig, neue Dinge zu lernen."
   Hinderlich: „Ich bin einfach nicht gut genug."

   _____

   _____

   _____

   _____

   _____

   _____

   _____

   _____

   _____

   _____

3. Nun kommt der wichtigste Schritt: Wandeln wir die hinderlichen Glaubenssätze in positive, konstruktive Überzeugungen um. Wichtig ist hierbei, daß Du nicht einfach das Gegenteil formulierst, sondern eine realistische und unterstützende Alternative findest.

## Übung 5: Die 3-Gute-Dinge-Übung

Schreib an jedem Abend in Dein Tagebuch, Dankbarkeitstagebuch oder Erfolgsjournal drei positive Ereignisse des
Tages auf. Diese können klein oder groß sein – etwa ein
freundliches Gespräch, ein Erfolgserlebnis oder ein Moment der Entspannung. Diese Methode hilft, den Blick auf
positive Aspekte des Lebens zu richten und langfristig eine
optimistischere Grundhaltung zu entwickeln.

Solltest Du noch kein Tagebuch besitzen, kannst Du gerne
die folgenden Seiten dafür verwenden.

# Übungsteil

# Lebensglück

## Übung 6: Die „Goldgrube" in der Krise finden

Überleg einmal und mach Dir Notizen dazu:

• Welche schwierigen Situationen hast Du gemeistert?
• Sind positive Dinge daraus entstanden?
• Wie kannst Du diese Einstellung für zukünftige Herausforderungen nutzen?

_____

_____

_____

_____

_____

_____

_____

_____

_____

_____

_____

# Übungsteil

Weiterführende, vertiefende Literatur, Webinare, Informationen, Meditationen und vieles, vieles mehr findest Du unter:

**www.lebensglück-im-kopf.de**

Gleich besuchen und im kostenlosen Newsletter anmelden. Dann erhälst Du inspirierende Nachrichten und sensationelle Angebote.

**Dankbarkeitstagebuch –
Für mehr Lebensglück**
Dieses Dankbarkeitstagebuch begleitet Dich auf einer Reise zu mehr innerem Reichtum. Jeden Tag hast Du die Möglichkeit, bewußt Momente der Dankbarkeit festzuhalten. Die Struktur hilft Dir, gezielt Deine Wahrnehmung zu schärfen und Dein Leben aktiv in eine positive Richtung zu lenken.
**216 S., geb., A5-Format, 24,95 Euro**
ISBN: 9783819295614
Zu beziehen über jede Buchhandlung oder unter www.lebensglück-im-kopf.de

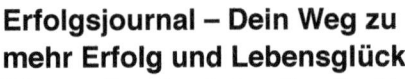

**Erfolgsjournal – Dein Weg zu
mehr Erfolg und Lebensglück**
Dieses Tagebuch ist für alle Menschen, die ihren beruflichen Erfolg nicht dem Zufall überlassen und mit Leichtigkeit ihre Ziele erreichen möchten.
**190 S., Ringbuch, A4-Format,
34,95 Euro**
ISBN: 9783819295669
Zu beziehen über jede Buchhandlung oder unter www.lebensglück-im-kopf.de